당
신

참

멋
있
다

당신에게 남기는 첫 번째 댓글

	당	신				
			참			
				멋	있	다

글·김현
그림·줄리아 조

스토리텔러

프롤로그

몸에 딱 맞는 슈트에 원색 실크 타이,
중량감 있는 시계와 큼직한 로고의 벨트를 하고
검은색 차를 몰고 다니던 시절이 있었다.
하지만 내 뇌리에 항상 머무는 기시감은
지금 이처럼 누리는 만큼
결국 시련이 있으리란 것이었고
그 예감은 어김없이 들어맞았다.

인생은 좋아하는 영화를 닮는다.
대세가 바뀌어 버림받은 스파이나
의리를 따르다 배신을 당해 최후를 맞는 갱스터,
주군에게 토사구팽을 당하는 최측근 공신,
그러한 일들은 너무나 현실에 기반한 사실이었음을
모진 세월을 겪으며 알 수 있었고 사랑 역시
그 시련 앞에서는 어쩔 도리가 없었음도 알았다.

남루한 티셔츠에 닳은 운동화를 신고
쓰디쓴 소주 한 잔을 앞에 둔 채
하고 싶었던 이야기들.

원하든, 원하지 않았든
무슨 상관이 있냐는 듯 겪어야 했으나
이젠 원하지 않아도 사라지지 않는 이야기들.

추사 김정희가 제자 이상적에게
'세한도'를 그려 경의를 표했던 그 심경.

'타이타닉'의 잭이 로즈에게
그림 한 장으로 영원을 표했던 그 마음.

볼 때마다 "삼촌, 언제 책 나와요?" 하는
조카에게 자신 있게 대답해 주고픈 그 마음.

이 책을 읽는 분들에게 한순간이라도
공감의 찰나를 드릴 수 있었으면 하는 마음.

얼음물 한 잔을 단숨에 들이켜며
하고 싶었던 말로 한숨을 대신하며
적었던 기록으로 그 마음을 담는다.

차례

프롤로그 · 004

일상에서……

1

우리들 · 012 | 때가 있다 · 013 | 충분하다 · 015
괜찮아 · 015 | 춤을 추듯 · 016 | 슬픔, 기쁨 · 017
참을 수 없는 우리의 가벼움 · 018 | 메시지 · 019
하늘이 무너져도 · 020 | 메신저 · 021 | 있어 보았다 · 022
그때가 좋은 · 023 | 반전 · 024 | 살다 보면 · 026
우리 모두 꽃이다 · 027 | 매 순간 · 028 | 스스로 · 029
후회 · 030 | 원망 · 031 | 테스트 · 032 | 충고 · 032
탈출 · 034 | 정도 · 035 | 아이디어 · 036 | 습관 · 037
70%는 꿈 · 038 | 트레이닝 · 039 | 시간 여행 · 040
나잇값 · 041 | 무너짐 · 042 | 지옥 · 043
아빠는 좋은 사람 · 044 | 엄마 · 045 | 바르게 살자 · 046
고통 총량의 법칙 · 047 | 얼룩 · 048 | 거품 소리 · 050
강아지 · 051 | 궁지는 궁지 · 052
괜찮아, 다스베이더 · 054 | 인생은 코미디 · 058
도망 · 059 | 꿈 · 060 | 어른이 되면 · 062 | 인생 · 063
개떡 · 064 | 살아 있길 잘했구나 · 066 | 세상 탓 · 068
과거 · 070 | 바람 부는 날 · 073 | 식은 밥 · 074
감정 쓰레기통 · 075 | 아이스크림 · 076
왜 하지 않는가 · 078 | 아플 이유 · 079
묘수 · 081 | 낯선 마음 · 083 | 선풍기 · 084

그리움으로……

2

나비 · 088 | 히어로 · 089 | 격투 · 091 | 미움 · 093
스치는 사람들 · 094 | 대화 · 096 | 들꽃 · 098
꽃망울 · 099 | 미래 · 100 | 오래된 친구 · 101
인내와 희생 · 102 | 성당 종소리 · 103 | 여우비 · 104
응어리 · 105 | 아름드리 · 106 | 실랑이 · 107
별이 웃고 있다 · 108 | 얼마나 아팠을까 · 109
소나기 · 110 | 빨리 뛰어오던 사람 · 111 | 주의 사항 · 112
모기향 · 114 | 그거면 됐다 · 115 | 하쿠나 마타타 · 116
우리 사는 동안에 · 118 | 그런 사랑 · 119 | 인디언서머 · 120
사랑할 뻔한 사람 · 121 | 배려 · 122 | 사랑의 속도 · 123
너는 나에게 · 124 | 어떤 날 · 125 | 실연 프로 · 126
반드시, 절대 · 127 | 눈물 나게 웃긴 이야기 · 128
괜찮지 않아 · 129 | 쓸데없는 사람으로부터 1 · 130
쓸데없는 사람으로부터 2 · 132 | 고약한 사람 · 134
어이없어 · 136 | 사랑 · 137 | 멸성제 · 138 | 한 사람 · 140
사과 · 141 | 악어의 눈물 · 142 | 해운대 · 144
안녕, 오로라 · 145 | 별 이야기 · 146 | 당신 참 멋있다 · 148

인연이란……

3

남자 · 152 | 나는 당당하게 살리라 · 153 | 적 · 154
지는 법 · 157 | 너무 많다 · 158 | 이름 없는 악당 · 159
잡초 · 161 | 격려 · 162 | 비스듬히 · 164 | 부정 · 166
공감 · 168 | 반추 · 170 | 상처 · 172 | 않아요 · 173
한순간, 인연 · 174 | 말 한마디 · 175 | 기왕이면 · 176
우리 힘내자 · 177 | 파이팅! · 178 | 소녀처럼 웃으렴 · 179
친구의 첫사랑 · 180 | 어울려 · 182 | 사연 배틀 · 183
사막장미 · 184 | 귤 까는 소리 · 185 | 리스펙트 · 187
아이돌 스타 · 188 | 독사 선생님 · 189 | 카운슬러 · 190
서울역 · 192 | 요즘 세상 · 194 | 밥은 넘깁니다 · 195
위로 · 196 | 있었다 · 197 | 내 탓이다 · 198
세상살이 · 199 | 사람들 · 200 | 상처는 향기의 영역 · 201
사는 게 다 그래 · 202 | 하루 · 204 | 듬직하다 · 205
감추는 방법 · 206 | 돌아서서 가다 말고 · 207
참새의 사색 · 208 | 마지막 우주 · 209 | 바그다드 카페 · 211

에필로그 · 212

한순간이라도 공감의 찰나를 드릴 수 있었으면 하는 마음입니다.

1

일상에서
……

우리들

생일 파티를 신나게 마치고
심하게 체했던 밤의 뒤척임처럼

예기치 않은 돌풍에 쓰러진
이른 아침의 입간판처럼

삐죽 튀어나온 벽의 못에
아끼는 옷이 찢어진 휴일처럼

그럼에도 결국 웃어넘겨야 하는
가끔은 안녕하지 못한 우리들의 이야기.

때가 있다

아무것도 하지 않은 채 방에 드러누워서
종일 빈둥거리던 시간이 그리울 때가 있다.

한 번도 가 본 적 없는 전철역에 내려서
바람과 함께 걷던 시간이 그리울 때가 있다.

한 번도 그리워한 적 없었던 스쳐 간 사람이
하염없이 궁금하고 그리울 때가 있다.

언제 올지 모르는 심야 버스를 기다리며
하늘에서 별을 찾던 시간이 빛날 때가 있다.

―― 일상에서……

충분하다

깊은 밤 출출할 때는
라면 한 그릇에 신 김치면 충분하다.

입안이 텁텁할 때는
박하사탕 한 알이면 충분하다.

온몸이 나른할 때는
차가운 물 한 잔이면 충분하다.

동트는 새벽에는
희망 하나면 충분하다.

살아 뛰는 심장에는
열정 하나면 충분하다.

괜찮아

혼자 걷다 넘어져도 괜찮아.

툭툭 털고 일어나서 오른손 내밀어
왼손 한번 따뜻하게 잡아 주면 되고

그럴 수도 있다면서 왼손 들어 올려
오른쪽 어깨 툭툭 한번 쳐 주면 되고

이제 다 괜찮아질 거라며 심장에
손 얹고 '기운 내! 힘내라!' 속삭이면 돼.

이제 뛰어간다고 두 손으로 힘껏
무릎 팡팡 쳐 줄 수도 있는걸, 뭐.

춤을 추듯

춤을 추듯 하나 주먹을 날리는 주인공.
춤을 추듯 하지만 총알도 피하는 주인공.

춤을 추듯 하나 정확히 꽂히는 하이킥.
춤을 추듯 하지만 줄줄이 쓰러지는 악당들.

불쑥불쑥 튀쳐나오는 절망에게
춤을 추듯 주먹 한 방 꽂을 수 있을까.

제멋대로 춤을 추는 인생에게
멋지게 하이킥 한 방 날릴 수 있을까.

―― 일상에서……

슬픔, 기쁨

슬픔이란……
말하면 푸념, 말 안 하면 청승,
울면 궁상, 웃으면 민폐.

슬픔은 아무리 생각해도 슬픔.

기쁨이란……
말하면 자랑, 말 안 하면 은밀,
울면 푼수, 웃으면 과시.

기쁨은 어찌 생각하면 슬픔.

참을 수 없는 우리의 가벼움

한 번뿐인 인생이라 입버릇처럼 말하면서
각오 대신 체념으로 하루하루 맞이하는
우리의 공허함.

힘내라는 말을 매일같이 다른 이에게
하면서 한 번쯤 힘차게 안아 주지 못하는
우리의 건조함.

진심이란 단어는 참 쉽게 쓰면서도
정작 그 마음은 생각조차 않고 살아가는
우리의 무심함.

참을 수 없는 우리의 가벼움.

―― 일상에서……

메시지

아침에 눈을 떴을 때
자신에게 한마디 해 주세요.

"사랑해."
"오늘 하루도 수고하자."

자신을 위해 사랑의 메시지로
하루를 시작하세요.

잠자리에 들기 전에도
자신에게 한마디 해 주세요.

"힘들었지?"
"내일은 더 괜찮은 날일 거야."

누가 해 준들 따스한 그 말들……

자신을 위한 위로의 메시지로
하루를 마감하세요.

하늘이 무너져도

인생에서 예고 없이 힘든 시기가 찾아왔을 때
그 어떤 말로도 위로받기 힘든 상황이었을 때

'하늘이 무너져도 솟아날 구멍이 있다'라는
속담을 사람들에게 참 많이 들었습니다.

때문에 하늘을 참 많이 바라보았습니다.
어디를 보아도 무너질 곳은 없는 하늘……

옛사람들이 그런 속담을 남긴 이유를
하늘을 바라보며 걷다가 알았습니다.

하늘을 바라보니 어깨를 펼 수밖에 없습니다.

메신저

첨단 기술이 더 발전하여 사람들의 마음을
이어 주는 메신저가 개발되면 좋겠습니다.

스마트폰 연락처를 등록하면 프로필 사진에
그 사람의 마음 사진이 자동으로 뜨고
마음으로 대화할 수 있는 기능을 가진
메신저가 개발되면 좋겠습니다.

말을 하지 않아도 그 사람 힘들다는 것을
알 수 있게 되어서 마음을 다해 위로하고
단체 마음방을 만들어서 응원의 마음도
모아서 보낼 수 있었으면 좋겠습니다.

그래서 마음과 마음이 이어져
어떤 한 사람이 외롭게 인생을
스스로 버리려고 하는 일 따위는
절대로 없는 세상이 되었으면 좋겠습니다.

있어 보았다

있어 보았다……
그 말처럼 안타까운 말도 없지만

그 말만큼 경험이 되고 희망이 되는
말이 또 없는 것 같아.

있어 보았는데 없이도 살고 있고
있어 보았으니 또 있을 수 있으니까.

다음에 있어 보면 그때는 놓치지 마.
아니 절대 놓칠 수도 없을 테지만…….

— 일상에서……

그때가 좋은

인생은 '그때가 좋았지'의 반복 같습니다.
분명 그때가 지금보다 힘든 시간이었음에도
그 시간만 떠올리면 '그때가 좋았지' 하며
회상에 젖어 들기 때문이지요.

아마 지금 이 시간도 세월이 흐르면 우리는
'그때가 좋았지' 하면서 곱씹어 낼 시간이
아닐까 생각합니다.

지난 시간들은 그립고 또 그리운 것
흘러간 기억은 그럼에도 참 좋았던 것.

분명 우리는 '그때가 좋은' 시간을
바로 지금 살고 있습니다.

분명 우리는 '그때가 좋은' 힘겨움을
겪으며 내일로 향하고 있습니다.

반전

'상사에게 아부', '모함과 권모술수',
'힘 있는 라인 줄타기'에 능한 자들에게
늘 밀리기만 하면서도 바르게 일 잘하던 친구.

자기가 맡은 프로젝트 하나를 멋지게 마치고서
특별 승진으로 한턱내는 자리에서 생각합니다.

얼마 전까지만 해도 많은 어려움을 겪고 있어
회사를 그만둘까 한다며 깊은 밤까지
소주잔을 기울이며 고심하던 그 친구.

그럴 때마다 내가 반전이 분명 있을 거라고
힘내라고 했는데 정말 말처럼 이루어 낸
정의로운 승리에 축하를 보냈습니다.

인생은 가끔 깜짝 놀랄 만한 반전이 있는
영화와 같은 묘미가 있다고 생각합니다.

진실하다면, 정의롭다면, 그래서 끝까지
그 자리를 떠나지 않고 참고 지켜 낸다면
지금은 힘겨워도 결국은 영화 같은 멋지고
극적인 반전이 분명히 오고야 말 거라고
굳게 믿습니다.

힘내십시오.
통쾌한 반전을 만나는 그날을 기다리며.

―― 일상에서……

살다 보면

살다 보면 이 시간에 여기서
저 사람을 어찌 만났지 하는 때가 있다.

또 살다 보면 우리가 도저히 감당하지 못할
힘겨움과 마주칠 때도 있다.

하지만 더 더 살다 보면 미지의 우주처럼
예상치 않은 기쁨과 만나게 된다.

우리는 어떤 일을 하고 안 하고를
결정할 수 있는 힘이 없는 때가 있다.

그럴 때면 무슨 일이든 더 큰 힘이
알아서 하도록 내버려 두라.

어찌어찌 만나게 된 인연이 도울 것이고
기쁨이, 노력이 힘겨움을 이길 것이다.

— 일상에서……

우리 모두 꽃이다

보도블록 사이에서
수많은 발자국을 이겨 낸 꽃.

채소를 심은 밭에서
홀로 덩그러니 피어 있는 꽃.

기름때 묻은 공장에서
매연을 마시며 바래진 꽃.

쓰레기 더미 곁에서
힘겹게 향기를 내는 꽃.

그래도 꽃이다.
우리 모두 꽃이다.

매 순간

어느 다급한 순간
우연히 떠오른 재치로
위기를 모면하기도 하고

어느 중요한 순간
조그만 실수로 미래의
기회를 잃기도 하고

어느 누군가에게 운 좋게
마음을 얻어 도약을 하기도 하며

어느 누군가에게 한순간
받은 미움이 평생을 가기도 한다.

우리 인생에서
중요하지 않은 순간은 없다.
그 어떤 순간이 우리 인생을
바꿀지 모르는 일이다.

매 순간 신중하라.
희망과 절망은 늘 맞닿아 있다.

스스로

사람은 자신과만
오롯이 공감할 수 있답니다.
슬픈 일을 겪었던 경험으로
다른 사람들의 기분을
예상해 볼 수는 있겠지만,
그게 아무리 대단해도 그 상황에 놓여
모든 감정을 감당해 본 사람의 수준에는
절대 이르지 못합니다.

슬픔이라고 단순한 슬픔만 오는 것도
고통이라고 고통 그 자체만 맞는 것도 아니어서
그 깊이는 절대 가늠할 수 없습니다

본인이 겪은 가장 슬펐던 일로
그 상황에 놓인 사람의 심정을
간접적으로 공감할 뿐이니
평소 자신을 성찰하고, 사랑해 주며
스스로와 질문과 대답을 주고받으며
위안과 온기를 채워 나가며
다가올 내면의 슬픔과 외면의 고통에
꼭 스스로 대비해야만 합니다

후회

"어른들 하는 말을 들어라."
살다 보면 자주 듣는 말입니다.
이미 어른이 되었음에도 지겹게 듣는 말.

하지만 늘 대수롭지 않게 웃어넘기거나
귀찮아하며 짜증을 부리게도 되는 말.

살면서 작든 크든 실패를 겪었을 때
침착하지 못한 행동으로 실수하게 될 때
영민하지 못한 판단으로 후회가 앞설 때
혼잣말로 되뇌게 되는 말이기도 합니다.
귓전을 맴도는 따가운 말이기도 합니다.

'어른들 말을 들을걸……'
어른들 말을 모두 듣고 새기진 않겠지만
요즘 같은 세상에 그럴 사람도 많지 않겠지만
"~하지 마라" 하는 어른들의 말은
거의 맞는 말일 거라 생각합니다.

대체로 어른들이 분명 예전에 겪었던
실패와 실수의 경험에서 하는 "~하지 마라"는
후회에서 나오기 때문일 겁니다.

—— 일상에서……

원망

누구나 오래된 원망 하나쯤 갖고 있을 것이다.
아마 대부분 가족에 대한 원망일 것이라 생각한다.

부모님의 고집 때문에 지금 이처럼 산다든지
어느 형제나 자매로 인해 손해를 보고 살았다든지
오래된 원망이 지금 현실로 나타나 있기에
더 아픈 것이라 생각을 한다.

그럴 때 조금만 더 따뜻이 대해 주었으면 생각하고
그런 시간에 어떤 부분만 양보해 주었더라면 하는
돌이킬 수 없는 부질없는 원망이 대부분일 것이다.

오래된 원망이 있다면 더 이상 묵히지는 말자.
분명한 것은 우리가 가진 오래된 원망은
우리 부모, 형제, 자매가 가진
더 오래된 한탄이기 때문일 것이다.

믿을 수 없다면 그 원망에 대하여 이야기해 보라.
가족에게 그 지난 시간의 아픔을 들려주어 보라.

아마 이제부터는 원망 대신 한결 엷어진
미움만 갖게 될 테니까.

테스트

블라인드 테스트를 하듯이
진정 나를 평가받고 싶으면
아는 사람의 이야기로 바꾸어
자신의 단점을 말해 보라.
눈을 가리고 듣는
자신의 단점에 대한 정확한 충고가
자신을 한 단계 더 발전시킬 것이다.

충고

칭찬은 바깥 주머니에 담고
충고는 안주머니에 담아라.

칭찬을 꺼낼 때는 쉽게 꺼내고
충고를 꺼낼 때는 신중히 꺼내어라.

비난은 벗어 둔 옷에 넣어 두어라.
생각나거든 어제 벗어 둔 옷과 함께
깨끗하게 씻어서 잘 말려 두어라.

그래서 자신을 닦는 데 요긴하게 써라.

―― 일상에서……

탈출

삶의 절정을 향해 달리고 있을수록
최악에 대비하라.

절대 그런 일이 일어날 확률이
제로에 가깝더라도
최악의 상황은 대비해야 한다.

절정에서 떨어지는 롤러코스터처럼
극과 극은 맞닿아 있기 때문이다.

평탄한 삶을 누리고 있을수록
탈출을 준비하라.

결코 그런 일이 있어선 안 되지만
삶은 뫼비우스의 띠 같아
탈출의 노력은 늘 필요하다.

낭떠러지로 이어지는 길에선
속도를 감지 못할 만큼 떨어지기 때문이다.

—— 일상에서……

정도

길을 가르쳐 주는 표지판 앞에 섰으면
표지판을 믿고 움직여라.

좀 더 빨리 가는 지름길이 있진 않을까
두리번거리지 말고, 생각지 말고
목적지를 향해 가라.

표지판에 나와 있지 않은 지름길은
사람들이 지나지 않는 이유가 분명 있다.

목적이 있는 길에는 빨리 가는 것보다
정확하게 가는 것이 항상 최선인 법이다.

정도보다 빠른 길은 없다.

아이디어

아이디어는 사다리를 놓아야 딸 수 있는
나무에 열린 열매와 같다.

손만 뻗어서는 절대 잡을 수 없는 위치.
하지만 사다리를 놓는 수고를 기울이면
쉽게 올라가 따 먹을 수 있는 열매와 같다.

어리석은 사람은 나무에 열매가 열렸다며
다른 사람에게 따 달라 할 것이고
게으른 사람은 사다리만 놓고서 나중에
올라가서 따겠다 미룰 것이다.

작은 수고를 늦추어 다른 사람에게
열매의 절반을 내주거나 빼앗기지 말라.

내 것이지만 수고를 기울이지 않으면
가질 수 없는 것.
내 것이지만 빠른 행동으로 담아 내야만
채울 수 있는 것.
탐해야만 딸 수 있는
그것이 아이디어일 것이다.

─── 일상에서……

습관

성공으로 가는 길에 가장 먼저 해야 할 일은
성공해야겠다는 막연한 다짐이 아니라
인생을 성공으로 이끌고 가는 습관을
만들어야겠다는 다짐이다.

규칙적인 습관이야말로 성공으로 이끄는
가장 큰 힘이며 몸에 밴 습관은
흔들리는 자신을 잡아 줄 가장 큰 힘이 된다.

성공의 기회가 오면 이미 탄탄해진
삶의 부지런한 습관으로 그 기회를 잡아라.

더불어 솔직함의 옷을 입어라.
솔직함의 옷을 입고 있으면 아무도 자신을
성공의 길에서 끌어내리지 못하며
거짓과 속임이 난무하는 이 세상에서
솔직함의 옷은 자신을 더욱 빛나게 해 줄 것이다.

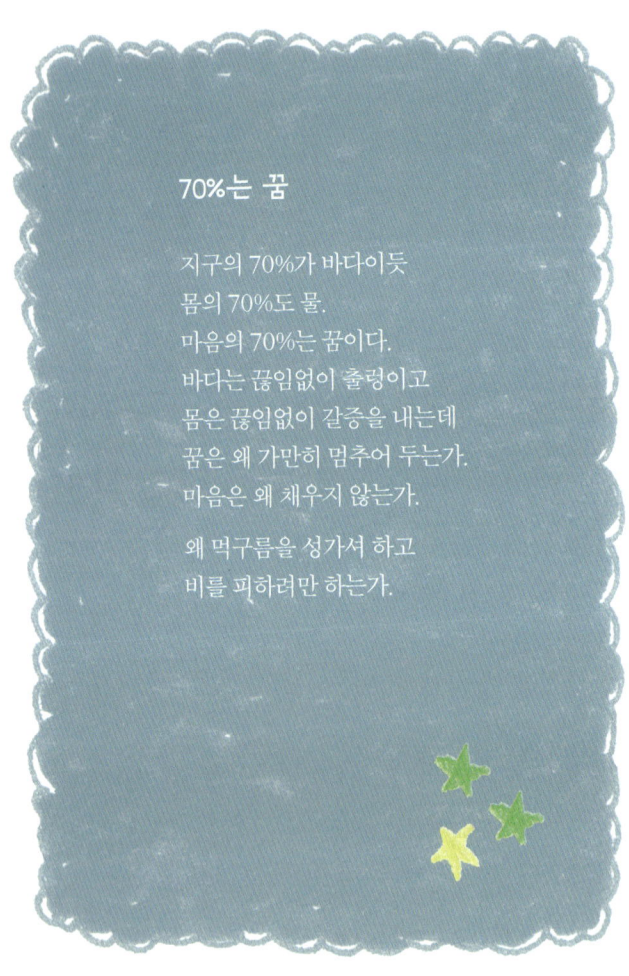

70%는 꿈

지구의 70%가 바다이듯
몸의 70%도 물.
마음의 70%는 꿈이다.
바다는 끊임없이 출렁이고
몸은 끊임없이 갈증을 내는데
꿈은 왜 가만히 멈추어 두는가.
마음은 왜 채우지 않는가.

왜 먹구름을 성가셔 하고
비를 피하려만 하는가.

―― 일상에서……

트레이닝

사고 후나 다친 후에는 재활 치료를 한다.

상처가 아물더라도 약해진 근육이나
조직을 복구하기 위해 운동과 치료를 한다.

깊은 상처라도 시간이 지나면 치유되지만
재활 치료를 거치지 않으면 예전의 기능을
회복하는 것은 거의 불가능한 일이다.

하지만 우리는 마음을 깊이 다쳤을 때나
심한 충격을 받았을 때 마음의 재활 치료는
하지 않는다. 눈에 보이지 않는다고 방치한다.

마음의 상처로 지나친 슬픔이 생겼다면
정신적 충격으로 마음이 예전 같지 않다면
몸의 깊은 상처에 대한 재활 치료만큼이나
마음의 재활 치료에 정성을 기울여야 한다.

지나친 슬픔은 이를 악물고 벗어나야 하고
상처 입은 마음은 이전으로 돌아오게
마음 근력 트레이닝을 해야 한다.

마음에게도 근육과 힘을 살리도록
걷고 뛰는 운동이 필요하다.
상처가 아물고 다시 근육이 올랐을 때
전보다 더 견고해지도록 놓지 말아야 한다.

시간 여행

시간 여행으로
과거로 되돌릴 수 있는 능력을
아마 어른이 되어서도
누구나 한 번쯤은 꿈꾸어 보았을 것이다.

과거로 돌아갈 수만 있다면 그런 시간은
보내지 않았을 거라는 후회 때문일 것이다.

사실 우리는 지금도 시간 여행을 하고 있다.
지나간 어제 하루의 노력만큼
오늘은 다른 하루를 가졌고
지금 이 순간 다른 생각 하나로
오는 시간을 달리 보낼 수 있는 것이다.

오늘 하루를 헤매지 말고 이 순간을 놓치지 말자.

미래로 성큼 날아간 시간 여행으로
성공한 나를 찾아가 먼발치에서 바라보며
흐뭇해하는 상상을 하자.
지금 바로 움직여 보자.

― 일상에서……

나잇값

나잇값 못한다는 핀잔을 곰곰 생각해 보면
정말로 나이에도 값이 있다는 뜻이다.

억만금을 선불로 받은 인생의 값에서 그 값어치를
갚아 나가지 못하면 안 된다는 심오한 뜻이
짧은 핀잔 속에 담겨 있는 것이다.

매 순간 보석 같은 시간을 받으면서 우리는
그 보석을 땅에 흘리고 다니면서 사는 건 아닌지
인생에게 진 빚을 갚을 생각을 하지 않는 건 아닌지
요즈음은 참 생각이 많다.

또한 나이를 먹을수록 인생에게 감사하며
주어진 보석 같은 시간을 더 빛나게 닦고
인생에게 계속 은혜를 갚아 나가야 함도 생각하게 된다.

내 마지막 순간에 인생에게 빚진 것이
한 푼도 없도록 인생에게 열심히 갚고 살자.

인생을 바로 알자. 인생의 비싼 값을 알자.
내일이 세상의 마지막이라도 빚진 것이 없는
인생을 살아야 됨을 알자.

나잇값을 하자.

무너짐

인정받으면서 살다가
한순간 무너지는 것
겪어 보았나.

그것도 내 탓이 아닌
그럼에도 끝까지 지탱해 온

그마저 내 덕이었는데
그럼에도 끝까지 몰려 본

그 세월 인정받음이
물거품으로 사라져 버렸다는 것.
가슴을 쳐도 소용이 없다는 것.

정말 견디기 힘든 시간을
무엇 하나 잡을 구석도 없이
견뎌 보았나.

견뎌 냄만 부여잡고
이겨 보았나.

— 일상에서……

지옥

타인은 절대 이해하지 못하는
자신만의 지옥이 있지.

불편하고 싫기만 하다면
말하거나 털어 내어 버릴 텐데
마음에서 꺼내는 것만으로도
견딜 수 없는 지옥.

견디고, 참다가, 버티는,
얼핏 잔잔하지만 결코
잔잔하지 않은 지옥이 있지.

타인은 절대 없을 줄 아는
교만한 지옥이 자리 잡고 있지.

아빠는 좋은 사람

친구 아들과 이야기하면서
"아빠는 어떤 사람이야?" 하고
물은 적이 있었다.

친구 아들은 숨 한 번 고르지도 않고
"아빠는 참 좋은 분이에요!" 대답을 했고
당연한 그 사실에 마음이 왜 그리 찡하던지
'참 좋은 사람' 그 구절이 가슴속에서
둥둥 한참을 떠다니더라.

누군가에게 참 좋은 사람으로
불리고 생각되는 것이 부러웠고
내가 떠올리는 사람들은 다들 먼저
다른 단어나 수식어로 생각됐다는 게.

나조차도 그리 간단명료하게 표현될 사람은
아니기에 지금도 그 짧은 대화가 마음에 남는다.

―― 일상에서……

엄마

등짝 스매싱을 당해도 밉지 않아.
아무리 폄하를 당해도 밉지 않아.
뒤끝 작렬해서 풀지 않아도 밉지 않아.
가슴에 꽂히는 말을 들어도 밉지 않아.
화내는 모습 앞에서 진심으로 웃을 수 있어.

엄마……
그러니까 내 엄마니까…….

바르게 살자

힐링이 트렌드인 시대를 살면서
정작 바르게 사는 것은 잊어버린 시대가
되지 않았나 하는 생각을 하게 됩니다.

바르게 살자.

언제부터 이 말이 촌스러워졌는지
초등학교 1학년 국어 교과서에서나
볼 수 있을 이 말이 참 그립습니다.

— 일상에서……

고통 총량의 법칙

인생은 어차피 고통 총량의 법칙이지.
요리조리 잔꾀 부리면서 피해 봤자
그 피한 만큼 고통은 모여서 오고

에너지 지키면서 이기고 있어 봤자
방어 불능기에 맞아 넘어지는 건
피해 갈 도리가 없다는 걸 안다.

잘 막고 못 막고 그런 것조차 없이
그냥 무작정 넘어질 수밖에 없는 거지.

그저 별일 없는 하루가 최고의 행복이고
안부 한번 물어 주는 사람들이 최고의 사람들.

같이 안 갈 거면 출발조차 하지 말고 같이 갈 거면
상대방의 패 따위는 계산하지 않고 직진하는 게 낫다.

멋있는 것, 돌+아이 같은 것도 이제 아무럼 어때 싶고
숨기지 말고 참지도 말고 그저 잘 먹고 살자고 한다.

얼룩

여름옷들을 정리하다가
흰옷들을 챙겨 묵은 얼룩을 뺐다.
아무 생각 없이 사서 입다가
방치해 둔 흰옷들. 묵은 때들.
그리고 얼룩들.
치명적으로 박혀 있는
깊디깊은 온점들.

그만 포기하라는 듯이 박혀 있어
얼룩 스틱과 식초와 과탄산소다로
삶고 삶아 지워 냈다.
절대 지워지지 않을 듯한 깊은 얼룩들이
지워진 게 참 좋더라.

그러면서 참 내가 흰색 같은
인간이었구나 생각되더라.
강하다는, 아니 그래야만 했겠지만.

—— 일상에서……

"넌 강해"란 소리만 듣고 산 탓에
정말 난 내가 강한 줄 알았는데
흰색 같은 인간이었기에
얼룩들이 더 괴로웠고
못 견딜 것도 견디며
그 폐기된 기분이
서글펐던 것이라 여겨진다.

치유의 시간이나 숨털만 한
위로조차 없었던 시간들.

숨이 턱턱 막히는데도
"넌 강해"를 들으며 "난 강해"라 외치며
다짐해야 했던 시간들.

얼룩이 지워진 흰옷들을 널면서
이제야 웃는다.

깨끗하게 빠졌네.
혼잣말을 하면서 웃는다.

거품 소리

묵혀 둔 곳 청소를 할 때
세제를 뿌려 둔 구석에서
거품 터지는 것 보는 것을,
톡톡 소리에 귀 기울이는 것을 좋아한다.

거품 소리가 끝나면
어김없는 쓱싹쓱싹 솔질 소리.

세찬 물줄기로 씻어 내릴 때
또 한 번 거품 터지는 것을,
군지렁거리면서 묵은 때와 함께
톡톡 터지며 흐르는 소리를 좋아한다.

—— 일상에서……

강아지

늦은 밤 돌아오는 길에
길냥이가 졸졸 따라와
편의점에서 산 사료 하나와
락토프리 우유를 놓아 주니
달그락 찹찹 맛있게 다 비우고는
인사를 꾸뻑하듯 고개를 까딱이고
나비처럼 사뿐히 뒤돌아간다.

오래전 무지개다리를 타고
떠난 강아지 생각이 났다.

꼭 이맘때의 늦은 시간에
달그락 찹찹
밥을 먹고 물을 마시던 우리 강아지…….

네가 내던 소리를 떠올리니
참 보고 싶은데 어디선가 쪼르르 올 것 같다.

무지개다리 너머에서 날 지켜보며 기다리다
달그락 찹찹 소리에 귀를 쫑긋거리겠지?

문득 이처럼 생각나면 또 그리워할게.
그래…… 잘 기다려 주렴……
이쁜 아…….

궁지는 궁지

궁지에 몰리면
그 사람의 본질을 안다고 한다.

여태껏 궁지에 몰린 사람들을 보고 살았으며
그 사람들이 어찌 변했는지도 보았다.

나 또한 궁지에 몰려 보았고
그런 나를 봐 달라며 티를 냈다.
그래서 돌아보면 말로는 다 못할 감사함을 느낀다.

일생 동안 수많은 궁지를 겪으시면서
단 한 번도 티를 내시지 않은 부모님.

한 발자국 내딛지도 뒷걸음치지도 못할
궁지를 겪으면서도 가족 걱정을 하던 동생.

궁지에 연연치 않으며 항상 같은 웃음으로
묵묵히 신의와 정을 지켜 가는 친구들…….

궁지를 모두 이겨 내고 지금 내 곁에 있는 사람들.
아니, 지금이 궁지일지라도 티 내지 않는 사람들.
그런 감사함이 있기에 궁지는 궁지가 된다.

이 모퉁이를 벗어나면 희망이 있을 거란
상투적인 말을 진실이라 믿게 만든다.

—— 일상에서……

괜찮아, 다스베이더

악당이 주인공인 영화가 있으면
두근대며 먼저 보곤 해.
남들보다 악당 캐릭터를 참 좋아한달까.
그 이유를 댄다면…… 아마 동경이지 않을까.
그 굳건한 멘탈이 부러워 그렇다고 생각해.

그리고 어떤 악당의 대사
"천국에서 쫓겨난 천사는 악마가 될 수밖에 없지"는
악당 마니아로서 참 공감을 하지.

어쩔 수 없어 악당이 되었다는 말,
참으로 매력적이야.
악당이라도 사이코거나 욕망 넘치는 악당은 싫고
이도 저도 아닌 밍밍함보다는 알싸한 악당이 낫지.
끝판 대장이 아니어도 처연함이 있는 인물은 참 좋지.

—— 일상에서……

어떤 분을 처음 뵙고 식사를 하다가
"제가 듣던 거랑 참 다르시네요"라는
말에 되물은 적이 있었어.
"어떻다던데요?" 하는 내 물음에
그분의 대답엔 '기회주의'가 들어 있다는 것을 알았지.

내가 그랬었나 하는 생각에 웃어넘기면서
오히려 아무것도 아닌 나를 그리 평가들을 해 주니
무언가 유명세처럼 느껴지고 훈장인 듯하더군.
고철 덩어리 깡통 로봇 주제에 다스베이더처럼 으쓱했지.

아주 가끔은 이 잘못된 길로
접어들었던 과거가 나쁘진 않아.

'개와 늑대의 시간'
빛과 어두움이 공존해서
다가오는 저 무언가가
나를 지켜 주는 개인지 해치려는 늑대인지
분간할 수 없는 저물녘의 시간.
그랬었다고 홀로 위로하곤 해.

개인 줄 알았던 늑대에게 물려도 보고
늑대가 개가 되기도 하고 개들 틈에 있다
개도 늑대도 분간 없이 다 목덜미를 물어 버리고……

작고 힘없는 치와와 주제에
적어도 생의 몇 순간 정도는
스스로가 로트와일러인 양
볼록거울에 비친 모습도 보곤 했지.

그래 봤자 고만고만한 개들 사이에서
나쁘지만 치명적인 늑대를 부러워하기도 했지.
갈기를 세워서 주제에 늑대인 척도 했었나 몰라.

요즘은 참으로 인생은 공교롭게 돌고 도는 거란 생각이 들어.
어제 욕하고 원망을 품던 그 악당으로 보이던 자리가
오늘은 내 자리가 될 수 있다는 것. 참 돌고 도는 거지.

돌이킬 수 있다면,
지금의 나였다면 그때 어땠을까 생각도 해.
그냥 스스로 철이 드나 싶다가도 안됐다 싶다가도 그래.
그러게. 우린 그냥 로트와일러로 태어나지 못한
치와와들이었어. 덩치는 조그마해서 잘 짖기만 했지.

개와 늑대의 시간이 지나고, 사방을 둘러봐도
어두운 공간에서 사연 많은 악당의 희망을 버리진 못해.

부하들을 아래층에 쫙 깔아 두고 맨 꼭대기 층에서
"올라올 테면 올라와 봐" 하면서 포스를 뿜는 악당.
그쯤 되면 주인공의 최후 일격에 장렬한 엔딩을 맞아 줘도 괜찮지.

이제는 더 쓸데도 없이 잘못 자란 이빨을 곤두세울 이유도
내내 갈아서 무디지도 않은 날 선 칼날은 계속 갈 이유도 없어.
적이라 생각해 주고 상대해 줄 정의의 주인공도
병풍이 돼 줄 수하도 없어.

근데 한 번은 화끈하고 비장한 끝판 악당,
꽤 많은 컷을 남기는 최종 보스이고 싶네.

열망까진 아니더라도 그냥 희망?
희망도 아닌 이제 그저 상상에 그치겠지만…….

인생은 코미디

첩보 영화의 재미는
스파이가 얼마나 빨리
배신을 당하는가에 있고

누아르 영화의 희열은
갱스터가 얼마나 처절하게
최후를 맞이하는가에 있고

로맨스 영화의 감동은
주인공이 더없는 역경에도
사랑을 언제 이루나에 있고

반전 영화의 정점은
두근대는 반전을 알리는
숨죽이는 찰나에 있다.

그러거나 말거나
인생은 장르 파괴
코미디일 뿐이지만.

—— 일상에서……

도망

싸우는 것이 대단한 것은 아닙니다만
도망치는 것이 옳은 판단일 때가 많습니다.

당신의 많은 사람이
당신을 소중하게 생각하고 있어요.

'대신 누군가'란 없어요.
'만약에'라는 생각 한다면 늦어요.

도망친다는 것은 죽기보다 쉽고
용기가 많이 필요한 것이 아니니까요.

그럼 다음 날부터 일어나기가 편해져요.
그거면 충분해요.

꿈

한참 동안 꿈을 꾸었지.
얼음별에 도착해 머무는 그런 꿈이었지.

편안한 꿈은 아니었어.
꿈에서 기계 인간들과 싸워야 했으니까.
'스타워즈'의 다스베이더처럼
까만 옷을 입은 기계 인간들과 싸웠지.

전투 후엔 얼음 무덤에 갔었어.
단단하고 투명한 얼음 아래에서 잠을 자는 주검들.
그중엔 아는 얼굴도 제법 있었어.

가물가물한 옛 추억의 친구들.
가슴 시리게 좋아했던 한 사람.
나와 같은 형상을 한 이의 주검도 있었지.

그 꿈에서 난 얼음 아래의 수많은 주검을 보며
무척이나 슬프게 울고 있었던 거지.

꿈에서의 나. 그리 서글피 울면서
되뇌던 말이 있었지. 이렇게 끝나는구나.
이렇게 사라지는구나. 참 서럽게도 되뇌더라고.

―― 일상에서……

모두 다 끝이구나 하면서 말이야.
요즘은 꿈을 꾸면 그 꿈들이 꼭 동화 같아.

꼬마가 되어 벚꽃이 날리는 길을
자전거를 타고 정말 신나게 달린다던가
더 어린 꼬마가 되어서 부모님과 함께
까르륵거리며 웃는 꿈을 꾸기도 하지.

꿈은 그런 말들을 하는 듯해.
이제 그만 예전의 모습으로
돌아오라고 하는 듯해.
정말 참 많이 변해 버렸거든.

다시 돌아갈 수 있을까?
눈을 뜨면 다시 소년이 되는 동화처럼.

어른이 되면

어른이 된다는 건 타인과 다가감,
멀어짐을 반복하다가 적당한 거리를
발견하는 것이라는데……

왜 어른이 되면

다른 사람들의
그냥 인사치레마저 기다리고
"라떼는 말이야" 하며 설교하고
꼭 한마디 더 하고 싶어 하고
맞지 않는 정서엔 핀잔하고
정작 필요할 땐 침묵하고
왜 남 탓만 하고
슬슬 뒷걸음치는지 씁쓸합니다.

인생

인생은 말줄임표처럼 신중히 침묵하고
인생은 물음표처럼 끝없이 질문하고
인생은 느낌표처럼 한없이 감탄하고
인생은 따옴표처럼 때로는 특별하고
인생은 쉼표처럼 가끔은 쉬어가야 하는 것.

개떡

너는 개떡 같대.
옛날 옛날 시골서
해 먹었던 보리개떡.

모양이 변 같아서
뭐 이런가 싶어
손이 안 가지만
일단 맛을 보면
계속 먹게 되는 개떡.

무슨 뜻이냐 하니
보기보다 참 괜찮은 사람이래.

개떡.
그래. 개떡 같았지.
먹다 내버려도
아깝지 않은 개떡.

혹시 밟기라도 하면
변이라도 밟았나 싶어
기분 찝찝한 개떡.

먹고는 싶은데
변 같은 모양 때문에
들고 먹기 쪽팔린 개떡.

그 변 같은 보리개떡에
색을 입혀 무지개떡이
되어야겠단 생각이 들었지.

무지개떡?
뭐, 적어도
땅에 떨어뜨렸을 때
누가 밟아도 흠칫하진 않을 것 아냐.

아예 밟히지 않을 것 아냐.

살아 있길 잘했구나

심경이 많이 힘들 때에도
죽고 싶다는 생각은
하지 않았습니다.

보고 싶은 사람이 있는데
그 사람을 어디선가
볼 수 있을 거란 기대감이
살아지게 하더군요.

'비록 스쳐 지나가더라도
살아 있으니 만날 수 있겠구나.'

그중에서 가장 힘든 날
보고 싶은 사람을 만났습니다.

'정말 살아 있기를 잘했구나.'

나는 살아 있었습니다.
그리고 살아 낼 겁니다.

—— 일상에서……

세상 탓

사람이 얼마나 나약한 존재인지는
누구나 다 알고 있는 사실인데
그런데도 왜 남을 늘 이겨야만 하고
자신마저 언젠가는 꺾어 버리겠다며
승리의 강박 속에 살고 있는지요.

세상으로 '반'쯤만 그 책임을 돌려 버려요.
어쩔 수 없었잖아요. 세상의 '반'은 패배자이고
아니 훨씬 '그 이상'이 패배자인 세상이었음을.

그래요. '반' 이상이 세상 탓이지요.
그럴 수만 있다면 세상 탓으로 돌리고…….

어차피 세상 탓으로
이길 수 없다면 쉬운 자신부터 이겨요.

어느 시점만 지나면
자신과 싸우는 게 즐거움이 될 겁니다.

그런 뒤엔 참 별것 아닌 것 같지만
자신과의 싸움 끝에 이긴 보람,
그 후련함을 가질 때가 온답니다.

―― 일상에서……

과거

후회해도 시간이
되돌아오는 건 아니지만
누구나 곱씹어지고
생각나는 과거들이 있습니다.
그러기에 누군가 과거 이야길 하면
더 귀 기울여 주고 맞장구를 쳐 주세요.

시간이 모두 흘러갔다 해도
과거는 지금의 존재 가치를
증명하는 것이기에
중요할 수밖에 없으니까요

"과거는 과거일 뿐"이라고
하는 사람들도 있지만
옛날이야기가 지겹다고 하겠지만

그 작은 과거들이 모이고 모여
지금의 자신을 만들었을 텐데
누군가 때론 과장되고

―― 일상에서……

무용담처럼 늘어놓는 과거라도
분명 말하면서 속으로는
과거에서 배웠어야 할 것들을 되새기고
같은 실수를 반복하지 말자고 다짐할 테니
잘 곱씹을 수 있도록 해 줍시다.

과거의 자신을 모조리 무시하고
오로지 현재만이 중요하다고
말할 수 있는 사람이 있겠습니까.
과거도 한때는 현재였고 그 현재조차
시간의 다리를 지나면
과거가 될 것인데 말입니다.

누군가, 또 다른 과거로 가기 전의
다짐의 시간. 너그럽게 받아 줍시다.

― 일상에서……

바람 부는 날

바람 부는 날,
나를 쓰다듬는
단풍나무 아래
가만히 서 있다
집에 돌아와

손톱 발톱을
동그랗게 깎고
깨끗하게
샤워를 하고
찬물 한잔 마시고
베란다 햇볕에
뽀송하게 말려 둔
잠옷을 입고 누우면

어제의 일이
이제 괜찮아집니다.

식
은
밥

밥을 짓고서 외출할 때면
일부러 한 그릇을 따로 퍼서
실온에 두고 다녀오기도 합니다.

돌아와서 먹으면 식은 밥에서
단맛이 나며 식감도 뜨거운 밥보다 좋답니다.

냉장고에서 억지로 식게 한 밥은
차기만 하고 약간 설익은 식감이라
밥은 항상 자연스럽게 식히곤 하였지요.

볶음밥을 해도, 라면에 말아 먹어도
어느 반찬, 어느 요리랑도 잘 어울리는
자연스럽게 식은 밥.

우리 삶에도 뜨거운 것보다
자연스럽게 식은 것이 더 좋은,
식어서 달고, 웃는 그런 것들이
분명 있을 겁니다.

굳이 뜨겁지 않아도 괜찮습니다.

―― 일상에서……

감정 쓰레기통

"그것도 못 받아 주냐."
"네가 속이 좁아서 그래."
"네가 사회성이 없어서 그래."
"일이라 생각하고 해라."

감정 쓰레기통으로
시달린다는 것.

심성과 사회성과
아무런 상관이 없는걸
그래도 내가 부족해서였겠지.

내가 모자라서,
내가 못나서 그런 거겠지.
전지전능하고 세상의 중심이던
당신들이 잘못한 게 무엇이 있겠어.

그런데 한 번만 물어 주지 그랬어.
"칼날에 계속 찔리니 아프지?"라고.

그 칼날에 맞설 힘이라도 낼 수 있게
한 번만 힘내라고 격려해 주지 그랬어.
단 한 번만, 지지 말라고 해 주지 그랬어.

아이스크림

길을 지나며 보았던
저마다 다른 종류의
아이스크림을 들고 가는 가족.

아빠는 초코 맛.
엄마는 튜브 아이스크림.
누나는 멜론 맛.
막내는 팥 아이스바였지.

막내가 들고 있어야 어울리는
초콜릿 아이스크림을 들고 가는
아빠의 순수한 표정을 보며

아빠가 분명 좋아할
팥 아이스바를 어른스러운 표정으로
먹으면서 걸어가는 막내 아이를 보며
그런 생각이 들었지.

아빠는 늘 아빠다워야 했고
가족을 위해 무거운 짐을 져야만 했고
또 당연히 팥 아이스바를 골라야만 했고

엄마는 늘 엄마다워야 했고
힘들 때도 말없이 묵묵히 버텨야 했고
아이스바도 대충 고르거나 남는 걸 집었고

— 일상에서……

아이들은 여리고 약하기만 해서
짐을 지울 수 없었고, 책임도 나눌 수 없어서
아이스바를 고를 때처럼 항상 최우선이었는데

아빠도 초콜릿 맛을 좋아하고, 힘들면 울 수 있고
엄마도 튜브 아이스크림 좋아하고, 도움 청할 수 있고
첫째가 가족의 리더일 수 있고 막내는 '막내'일 수도,
아니 가족이면 그래야만 한다 생각을 했지.

그러게……
그러고 보니 단 한 번도 엄마에게
무슨 아이스크림을
좋아하시냐 물어본 적이 없었네.

지금 전화드려 봐야겠어.

왜
하
지
않
는
가

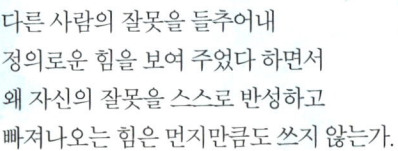

다른 사람의 잘못을 들추어내
정의로운 힘을 보여 주었다 하면서
왜 자신의 잘못을 스스로 반성하고
빠져나오는 힘은 먼지만큼도 쓰지 않는가.

밀어낼 때는 힘을 과시하면서
끌어안을 때는 왜 힘을 쓰지 않는가.
화를 낼 때는 힘이 넘쳐나면서
용서할 힘은 추호도 없다고만 하는가.

타인을 칭하며 어떤 부분만 아니면
참 괜찮은 사람인데 하면서
본인의 그 어떤 부분은 내면의 고뇌와
갈등조차 없이 그저 감싸기만 하는가.

어림짐작으로 어떤 생각인지 알겠다며
누군가의 마음속을 유리인 양 꿰뚫으면서
끝내 그 유리를 더 깨질 곳 없이 흩어 놓고
자신의 마음은 왜 늘 암막으로 가려 두는가.

― 일상에서……

아플 이유

원인 모를 컨디션 저하와 통증에
꾀병 부리지 말라는 핀잔을 들으면
스스로도 꾀병인가 싶다가

몇 번의 검사 후에
병명과 처방전을 받으니
완쾌된 것마냥 큰 힘이 된다.

그게 다 무엇인가 하더라도
안다는 것은 큰 힘이 된다.

안 아플 이유도 중요하지만
아플 이유도 참 중요하다.

─── 일상에서……

묘수

동네를 지나다 할아버지들이
바둑을 두고 계신 것을 보고
지나던 걸음을 멈추었다.

잠시의 정적 뒤에
유난히 단호하게 놓는
어느 할아버지의 바둑돌 소리…….

한참 동안 결정하지 못한 문제로
산란하던 마음에 마침표가 찍힌다.

거침없는 묘수를 두신
그 할아버지의 인생 이야기가 듣고 싶다.

— 일상에서……

낯선 마음

평소 차림대로 길을 나서는데
자꾸만 어색한 기분이 드는 날.
5분을 걸어온 거리를 두고
과감하게 집으로 발걸음을 돌린다.

평소와 다른 머리 모양을 하고
전혀 다른 톤과 스타일로 갈아입고
귀하게 모셔 둔 신발도 꺼내 신으면……

어쩌면 더 어색한 걸음일지 모르지만
어떠한 결정이든 내릴 수 있는
낯선 마음이 된다.

선풍기

여름이 시작되어
선풍기를 꺼내어
전원을 꽂고
버튼을 누를 때……

선풍기도 참 시원했구나.
잊었던 당연함을 느끼게 되지.

'여름의 진리는 원래 나였어.'

팔랑팔랑
신이 나서
속삭여대는
그 앞에서

입을 크게 벌려
'아……' 하고 대답해 준다.

—— 일상에서……

2

그
리
움
으
로
……

나비

잡다한 생각에 사로잡혀
무심히 지나치는 찰나에
세 살쯤 되어 보이는 예쁜 아이가
나비처럼 손을 흔들어 주더라.

그 흔들어 주던 아이손을 놓칠세라
아이 쪽으로 45°를 돌려
세상 발랄 눈웃음을 지어 보이고
양손으로 오로로롱 하며 손 흔들어 보이니
우울했던 기분이 싸악 없어지더라고.

외롭고 힘들 때
몸을 45° 돌려 보면
손을 오로로롱 흔들며
나비처럼
위안이 되려는 사람이 꼭 있을 거야.

마음이나 생각도 45° 돌려 보면…….

—— 그리움으로……

히어로

살다 보면 말이야
나를 닮은 사람들만 남아.

아니, 내가 닮고 싶은
사람들만 남아.

만나면 내 마음을
다 쏟아낼 수 있을 사람들.

그 사람들 덕분에
가끔 좋은 사람이란 말도 들어.

덕분에 잘 나아가고 있어요.
그리고 잘 무찌르고도 있어요.

감사해요
내 인생의 히어로들.

격투

TV에서 격투기를 봅니다.
경기 전 마주 서서 강한 눈빛을 교환하며
경기에 대한 결의를 다지고 상대방에게
눈빛에서부터 기선 제압을 하려는 선수들은
사뭇 경건하기까지 합니다.

하지만 경기 시작종이 울리면 서로에게
손을 내밀어 악수를 청합니다.

내 인생에도 경쟁 상대가 있습니다.
항상 나와 앞자리를 다투는 그 사람.

생각해 보니 나는 그 사람에게
따가운 시선만 보냈을 뿐
손을 내밀어 본 적이 단 한 번도 없었습니다.

내일은 단 한 번도 내민 적 없었던 손으로
정겨운 악수를 청해야겠습니다.

그러고선 내 인생의 진정한 경쟁 상대로
제대로 한번 붙어 봐야겠습니다.

—— 그리움으로……

미움

상대를 미워하니 그 감정에 사로잡혀
자신만 내내 힘들고 지치더라고요.

나를 위해 용서하라는 말을 우스운 말이라고
생각했는데 미움이 길어지니 한순간
'내가 이래서 얻는 것이 무어지?' 하며
내 마음이 내게 말해 주는데 그 순간
그 말이 얼마나 와닿았는지 모르겠어요.

이제 미움을 놓아 버리니 제대로
숨을 쉴 수 있고 세상일이 다 그런 거려니
생각하니 마음이 편안합니다.

진작 그랬을 것을 하고 후회해 보지만
말처럼 쉬운 일은 아니었습니다.
그 얼굴만 생각하면 아기 때 먹은 우유까지
체하는 듯했던 마음, 참 고약했었으니까.

모든 원인은 내 불편했던 마음속에 있는데
그 사람 탓으로 돌리며 위안을 받으려 했고
험담으로 맞장구를 받아야 직성이 풀렸고
어떻게 해야 조금이라도 응어리가 풀릴까
생각했던 것에 '그래서 얻는 게 뭐지?'로
스스로 반문하며 쉽게 생각해 보기로 합니다.

스치는 사람들

그림이 예쁜 책 중에
"스치는 사람들"이란 책이 있었어.

물고기 이야기였지.
세상이 보고파 얕은 바다에 사는 물고기.
어느 날, 물고기는 썰물이 되어
바닷가로 나오게 돼.

처음엔 기뻤지만 모래 위에서
물고기가 견디기란 쉽지가 않았지.

그래서 지나는 사람들에게
도와 달라며 막 소리를 쳐.
바다로 보내 달라며, 도와 달라며.
하지만 많은 사람이 스쳐 지나가.

그러다 한 아주머니가 물고기를 보았지.
사정 이야기를 했어.
이 아주머니는 도와주고 싶지만
그럴 수 없다고 했지.
물고기, 네 힘으로 바다로 돌아가라고
도움을 청하는 건 약자라고.
그리고 아주머니는 집으로 돌아갔어.
물고기 걱정을 하면서도 말이야.

하지만 물고기는 그만
뜨거운 모래 위에서 말라 죽어 버린 거야.
몇 시간이 지나 아주머니는
물고기 걱정에 바닷가로 가 보았어.
하지만 물고기의 주검은
밀물이 와서 바다가 가져가 버린 뒤였지.

— 그리움으로……

손길 한 번, 하다못해 발길질 한 번으로도
그 물고기는 살 수 있었어.

스치지 마. 우리 서로 따뜻한 마음을 열자고.
우린 모두 해변에 나온 물고기 아니니?

대화

친구가 내게 그러더군요.
"내게는 때를 맞춰 온 것이 없었어.
어떤 것은 너무 일렀고,
또 어떤 것은 너무 늦게 왔어."
쓸쓸히 그러더군요.

그 말을 듣고 정말 맞다며 난 공감했답니다.
때를 맞춰 오지 않았던 인생의 엇갈린 시간들.

다시 그 시간을 줄 세워서
정리할 수는 없을까 하는 헛된 생각을 했죠.

어떤 슬픔은 이쯤 오고,
어떤 기쁨은 그 슬픔이 끝난 후에
그쯤에 왔었으면 좋았을 텐데……

어떤 각오는 내가 시들어 버리기 전에
싱싱하게 왔었어야 하는데……

어떤 깨달음은 깊이 가라앉기 전에
세차게 느꼈어야 했는데……

참 못난 사람이죠. 지나간 시간을
가지고 후회도 하고 별생각 다 하니.

이제 나는 수를 소진한 바둑판에서
바둑돌을 이리 두고, 저리 두어 보듯이
그리 생각이 많은가 봐요.

―― 그리움으로……

들꽃

쥐고 있던 것도 없는데
걷다 무언가 떨어뜨린 듯한
허전한 마음에 자꾸만 뒤를 돌아보게 된다.

떨어뜨린 것도 없는데
분명 떨어뜨린 것이 있는 듯해
한참을 가다 말고 뒤를 돌아본다.

난 보이지 않는
무엇을 떨어뜨렸던 것일까?

무엇을 떨어뜨렸길래
이렇게 아쉬운 마음이 드는 것일까?

소리가 나지 않는 그것은 대체 무엇이었을까?

아, 대궁 흔들면서 따라오려던 너였구나!

꽃망울

공원을 거닐다
인도로 고개를 떨구고 있는
꽃망울을 다독거려 풀 사이로 넣어 주었다.

여린 줄기에 비해 큰 꽃망울이 무거운지
피기도 전에 바닥에 엎드려서 절망하는 꽃망울.

풀 사이로 넣었음에도
다시 빠져나오려 하는 꽃망울.

밟히면 안 돼.
넌 곧 예쁜 꽃이 될 테니까.

몇 번을 되뇌며 쓰다듬어 주니
그제야 풀 속에 자리를 잡는다.

꽃으로 피면 가볍게 날아오를 거야.
지금은 무겁겠지만

애야.

미래

미래에는 영화처럼
당한 사람의 고통을
행한 사람한테
이식시키는 기술이
나왔으면 좋겠습니다.

다른 사람들이 아무리
당한 사람의 고통을 공감하려
노력해도 결국은 잊어버릴 테니까요.

당사자만 아는 굴레,
벗어나기 힘든 참담함,
1분이라도 1초라도
겪게 만드는 시대가 왔으면…….

더불어 일정 기억을 지워 주는
미래가 왔으면 좋겠습니다.

— 그리움으로……

오래된 친구

오래 친구는
예전엔 착한 내가 좋다더니
이제는 영악한 내가 좋다고 한다.

친구가 착하다고 했을 때는
나는 영악하다 생각했고
영악하다고 한 지금은
스스로 착하다고 한다.

이다음엔
뭐라고 해 줄 거니?
기왕이면
내가 참 괜찮아서 좋았다고 해 주라.

인내와 희생

한번 참으면 무조건 참아야 하는 것을 몰랐고
그 사람을 배려하면 언젠가는 내 인내와 희생을
알아줄 것이라 생각했던 맹신은 참으로 덧없다.

관계란 한쪽의 희생으로 절대 좋아지지 않는 것,
한쪽이 참아서 이어 가는 관계는 폭력일 뿐이라는 것,
내 마음을 주고 진심으로 대하면 바뀔 것이라는 것,
결국 이 또한 결실이 있을 것이란 기대를 가진 것.

인내와 배려와 희생을 알아주는 사람이면
애초에 오래 인내할 일도,
희생할 일도 만들지 않았을 것을.

사람에게 오랜, 지나친 기대는 하지 말자.
사람은 변하기도 하지만 대개 변하지 않는다.
대개, 잘해 준 것 소용없고 희생한 것 부질없다.

황무지에서 꽃을 피우는 인내의 기적.
기적은 달콤하고 드물어서 기적일 뿐이다.
오랜 세월 단 한 번 있을까 말까 한……

— 그리움으로……

성당 종소리

아침 6시,
성당 종소리를 들으며
아무도 없는 횡단보도에
발걸음을 디디면 모든 걸
잊을 수 있을 것 같다.

저녁 6시······
다시 한번
성당 종소리를 들으면
당신을 잊을 수 있을 것 같다.

모든 것 위의 어떤 것,
당신.

여우비

여우비가 내리면
아이들은 뛴다.

무척 반가운 사람이
앞에서 손을 흔들 때처럼…….

여우비가 흩뿌려도
소년들은 덤덤하다.

이내 젖은 옷을 말려 줄
태양을 바라보고 걷는다.

여우비를 만나면
어른들은 피한다.

마치 썩 달갑지 않았던
과거의 사연을 만난 것처럼…….

……여우비의 끝엔 무지개가 있다.

아이들은 무지개를 기다리고
소년들은 무지개가 너무 멀고
어른들은 무지개를 믿지 않는다.

응
 어
  리

모든 게 끝났다 싶을 때가 되면
어디선가 다시 툭 하고 튀어 오른다.

용서가 시작된다 여길 즈음이면
끝내 다다르지 못할 완벽한 화해를 직감한다.

가슴에 불처럼 끓어오르는 적도의 응어리도
한순간 남극 빙하가 되어 싸늘해질 때가 있다.

장미 다발을 안으면 꼭 가시에 찔리게 된다.

아름드리

얼마나 대단하게
아름드리로 자랄 것이라고
그 푸르던 시절, 새순 같은 사람을
메마르게 하여 떠나보냈는지
푸석거리는 잎사귀의 내 가지를 보며
눈물겹도록 미안한 마음뿐입니다.

혼자 꺾어 낼 수 없는 저 가지를 두고
뒤척이는 밤, 당신을 생각합니다.

모쪼록 당신은 푸르른 잎사귀들을
보며 내 생각을 하여 주기를……
여전히 흔들리더라도
그 고운 새순의 마음으로
아름드리로 부디 잘 지내기를…….

—— 그리움으로……

실랑이

주인과 산책 나온 강아지
뒤에서 걷고 있는데
내 발걸음 소리 듣더니
자꾸만 뒤돌아본다.

그래서 멈추었더니
주인이 줄을 당겨도
아랑곳하지 않고 뒤돌아본다.

내가 키우던 강아지랑
많이 닮은 녀석.
그래서 살짝 손뼉 쳐 줬더니
내게 오려고 주인과 실랑이.

더는 안 되겠다 싶어서
강아지가 주인과 함께
갈림길로 들어설 동안
멈추었다 다시 걸어가는데
그 강아지
뒤를 보며 여전히
주인과 실랑이 중이더라.
나한테 오려고…….

강아지도
환생이 있을까……?

별이 웃고 있다.

한숨을 내쉬어도
후련하지 않아

들숨을 가득 모으려고
고개를 한껏 들었는데

하늘에 별이 있다.

그런데
그 별을 보고
'풋' 하고 웃음이 터졌다.

별아……?

너도 내가 웃겼던 거니?

얼마나 아팠을까

한 아이가 길가에 넘어져서는
다친 무릎 만지는 것을 보며
"아휴. 얼마나 아팠을까?" 하며
손을 내밀었더니
이내 울먹거리더라고.

…… 그래서 영혼이 넘어져
마음이 다친 사람들을 만나면
'아휴. 얼마나 아팠을까?'를
꼭 눈빛으로 말하고
손을 내민다.

소나기

비가 오는데
우산도 없이
아픈 강아지를 안고
울면서 뛰어와
동물 병원 문을 여는 아이.

아이야.
이 비는 소나기란다.

다 괜찮을 거야.
한번 젖었으니
아주 오랫동안
젖지 않을 거야.

맞지? 소나기…….

괜찮지? 강아지.

빨리 뛰어오던 사람

내가 누구를 더 사랑했는지
그게 중요했던 시절이 있었고
내가 얼마나 괜찮은 사람을 만나는지
그게 최고 가치였던 때도 있었고
이루지 못한 사랑은 기억하기도 싫고
인정할 수 없어 빼 버리기도 했었다.

그런데……
모두 지나고 보니
가장 생각나는 사랑이란……
내가 눈앞에 보이면
진짜 빨리 뛰어오던 사람.

더 좋아했고
더 미워했고
잊는 데 오래 걸렸고……
그런 건 아랑곳하지 않고
아무런 상관없이…….

주의 사항

약국에서 약을 사 먹으면서
주의 사항까지 읽어 보는
사람이 몇이나 있을까 싶은 생각.

약과 함께 들어 있는 종이를 펴서
끝까지 읽어 보며 스스로에게 묻는다.

'왜 지금껏 단 한 번도
주의 사항이나 부작용을 제대로 읽지 않고
익숙함에 길들어져 그냥 삼켰느냐고.'

다 읽어 보니 효능은 매우 길고
역시 부작용은 맨 뒤에 있고 짧다.

인생도 그냥 삼켰던 약처럼
아무런 조심 없이 살았다.

오늘부턴 무조건 설명서와
짧은 뒷부분의 주의 사항에
꼼꼼해지기로 한다.

내일의 주의 사항을
알고 있는 사람에게
전화 한 통 드려야겠다.

―― 그리움으로……

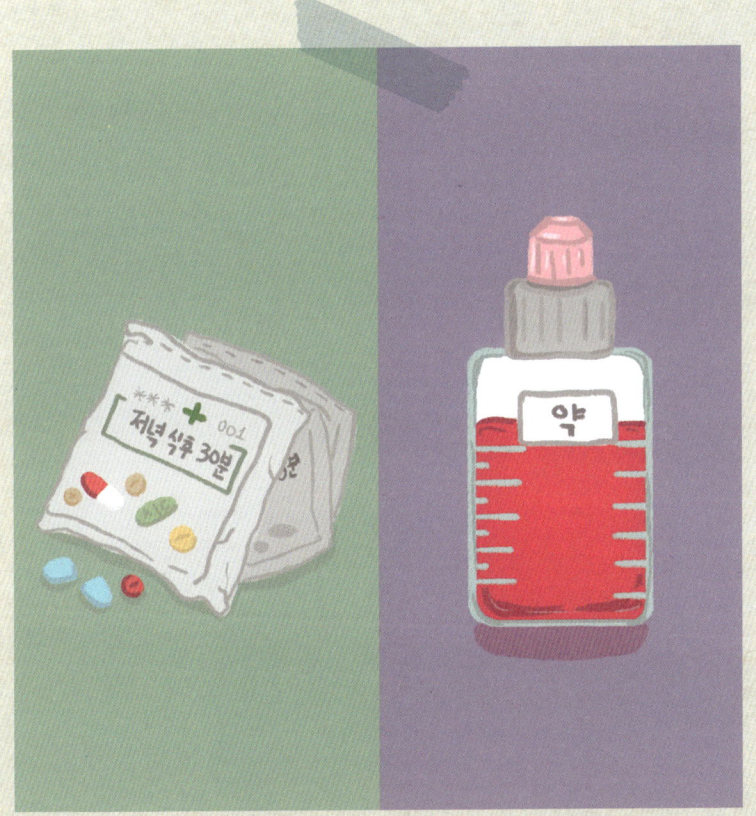

모기향

누가 모기향을 태웠나 봐.
벤치를 지나는데 잊었던 내음이 났어.

나선형으로 타 버린 재는 어디에 있을까만
아쉽지만 바람이 쓸어간 후인지 찾지 못했지.

추억에 빠지는 내음.

아주 오래전 너와 여행을 가서
낡은 숙소의 문을 열었을 때로
순식간에 나를 데려가더군.

아마 모기향을 태웠던 이도
그때를 소환했던 것이 아닐까.

되도록 천천히 나선형으로…….

그거면 됐다

사랑이 안 이루어지면 어떤가.
애틋했으면 그만이고
잠시 행복했으면 된 거다.

아낌없이 주는 사랑이 아름다운 거다.
그 사람을 잃는 슬픔까지도 아름다운 거다.
그 사람의 서늘한 한순간의 미소조차 너무 행복한 거다.

사랑은 상처를 상쇄시키는 거다.
상처를 상쇄시키는 사랑.

상처 위의 사랑.
그거면 됐다.

하쿠나 마타타

삶은 묘하게 균형이 맞는 거야.
잘났던 못났던 각자 고민과
행복의 양은 비슷했던 것 같아.

이렇게 말하는 나도 삶이 무언지
정확히 말할 수는 없지.
그러나 이처럼 살아 보니
모든 게 복잡하고 어슴푸레해도
균형이 맞았던 것 같아.

시간이 지나니 운명을 믿게 됐어.
어려선 의식조차 하지 않았지만
그러나 여전히 외롭고 이해할 수 없는
불공평이 있다는 것에 분노하기도 해.

망설이지 말고 용기 있게 뛰어들고
생각 많이 하지 말고 경험 많이 해.
다가가면 새로운 세계가 열려.
마음 느긋하게 배짱을 가져.

— 그리움으로……

걱정할 필요 없어.
세상은 다 어찌어찌 되는 것 같아.

지금은 다시 오지 않아.
세월이 한참 지나 나이 들어 알게 되지.

순간에, 자신에게 충실해.
남의 눈 의식하지 말고 굿 럭.
비비디 바비디 부. 하쿠나 마타타.

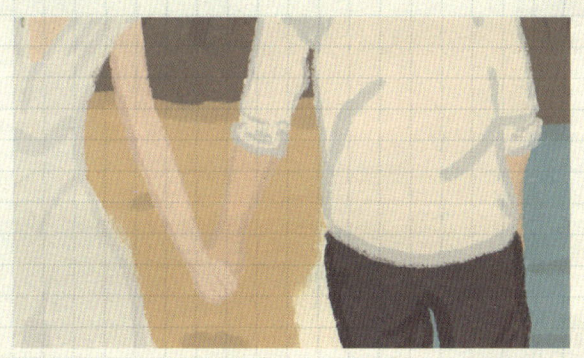

우리 사는 동안에

우리 사는 동안에
무수한 인연 중에
단 하나가 되었으니

헛된 꿈을 꾸기보다
살고 있는 이야기에서
소소한 기쁨을 찾고

네 탓 내 탓 하기보다
우리 함께 해결하자며
진실로 위로해 주고

힘이 들어 흔들릴 때
튼튼하고 촘촘하게
조언을 아끼지 않으며

밉더라도 티 내지 말고
싸우더라도 먼저 손 내밀며
마주 앉아 속내 터놓고

한순간의 틈이 굳건한
바위를 쪼개지 않도록
믿음을 거스르지 말며

오늘 울어도 같이 울고
내일 웃어도 같이 웃고
서로의 마음을 진실로 이해하며

우리 사는 동안에
무조건 사랑하자.

그런 사랑

거듭된 우연을 남발하는 로맨틱 코미디.
그럼에도 열광하는 이유는 어디에 있을까.

말도 안 된다고 비아냥거리면서도 끝까지
해피 엔딩을 기다리고 주인공들의 안타까운
엇갈림에 발을 동동 구르는 이유는 또 무엇일까.

사람들은 세상엔 분명 저런 사랑이 하나쯤
있을 거라 믿고 또 그 사랑이 앞으로 내게
찾아올지도 모른다는 기대를 하기 때문이지.

영화가 끝난 후면 그런 사랑을
기다리게 되기 때문이지.

어쩌다 만나 운명이 되는 사랑을
기다리게 되기 때문이지.

인디언서머

사랑을 하고 있는데 마음 설레게 하는
사람을 만난 적이 있었습니다.

한없이 끌려드는 가슴을 가눌 수 없어
마음이 괴로웠어도 자꾸만 만나고 싶었습니다.

취향도 비슷하고 대화를 나눌 때면
시간 가는 줄 모르게 하는
유쾌하고 따뜻한 사람이었지요.

오늘 뉴스를 보니 요즈음의 따뜻한 날씨를 두고
인디언서머가 찾아왔다고 하더군요.

초겨울에 봄을 맞은 듯 살짝 덥기까지 한 요즈음,
엇갈린 인연이었던 그 사람이 문득 떠오릅니다.

참 따뜻했던 사람.

가끔씩 찾아오는 인디언서머처럼
이제 다시 내 앞에 찾아올 수는 없겠지요?

─── 그리움으로……

사랑할 뻔한 사람

사랑할 뻔한 사람을 기억하시나요?
어떤 이유에서든 사랑으로 이르지 못한 사람.

한번 뒤돌아볼 틈도 없이
제대로 그리워할 수도 없이
그저 '알던 사람'으로 버려진 인연.

그 사랑할 뻔한 순간을 떠올려 보십시오.

그 얼마나 인생에서 찬란한 순간이었는지.
사랑할 뻔했다지만 사랑한 그 사람.

배려

사랑하는 사람을 위한 배려란

봄이면 봄꽃처럼 화사한 미소로 가꾸어야
사랑하는 사람과 함께 하는 봄이 더 아름다울 테고

여름이면 바다처럼 청량한 웃음을 머금어야
사랑하는 사람에게 시원한 바람을 가져다주지요.

가을이 오면 분위기 있는 그윽함을 갖추어
사랑하는 사람과 거니는 길에 낭만이 가득하게 하고

겨울이 되면 따뜻함이 배어나는 온기를 꼭 품어
사랑하는 사람을 포근한 품으로 안아 주세요.

물론 마음은 언제나 초록으로 가꾸어 두시고요.
사계절 변치 않는 초록의 푸르름이면 충분하답니다.

사랑의 속도

사랑은 한 방향으로 보고 걸으며 손잡고
같은 속도를 맞춰 주는 것뿐이 아니다.

상대방이 급히 달릴 때는 함께 달리기보다
고개를 저으며 속도를 늦추어야 하고
상대방이 어긋난 방향으로 가려고 할 때면
앞서서 뒷걸음으로 곧은 방향을 가리켜야 한다.

사랑은 궁극적으로 도착점을 향하지만
빨리 어딘가에 도착하는 것뿐이 아니다.

상대방이 지쳐 쉬고자 하면 속도를 늦추면서
다그치지 말고 멈추지 않게 해야 하며
도착점에 이르지 못한 채 다른 길로 가더라도
시선을 거두고 편히 보내 주어야 한다.

너는 나에게

너는 때때로 스스로 때문에 가슴을 치면서
보고 있는 나에겐, 그 마음 솔직한 적 있었는지.

영원을 맹세하고 말하며, 희생을 입버릇으로 두며
나를 바라보는 눈빛, 한 번이라도 진심인 적 있었는지.

생의 모퉁이를 돌 때마다 가슴을 쓸어내리던 너는
그 모퉁이에서 힘껏, 당기던 나를 아파한 적 있었는지.

부러진 뼈, 타다 만 날개로 애써 퍼득거리는 나에게
오늘은 단, 한순간이라도 울어 줄 수는 없었는지.

어떤 날

어떤 날은 잠에서 깨었는데
꿈에서 만난 나와 너무나도 다정했었기에
허탈한 마음에 멍한 것을 알고 있습니다.

어떤 날은 하루 종일
아무 이유 없이 내가 떠올라
생각하지 않으려 하다
하루를 망치는 것도 알고 있습니다.

어떤 밤은 취기를 핑계 삼아 울며
내 아픈 이름 부르느라
구석진 골목으로 가는 것도 알고 있습니다.

과연 내게도 울리거든요.
기억의 알람이.

실연 프로

실연 프로.
누군가 이런 말을 쓴 것을 보았어.
나도 아마 실연 프로였겠지.

실연 프로.
이 말이 마음에 들었어, 그냥.
피식 웃음이 나오는 말이고 귀엽기도 해.

나는 실연 프로 10단.
이제 더 올라갈 단수도 없으니
상처받을 일도 없을 테니 좋군.

무림의 절대 고수.
실연 프로페셔널.

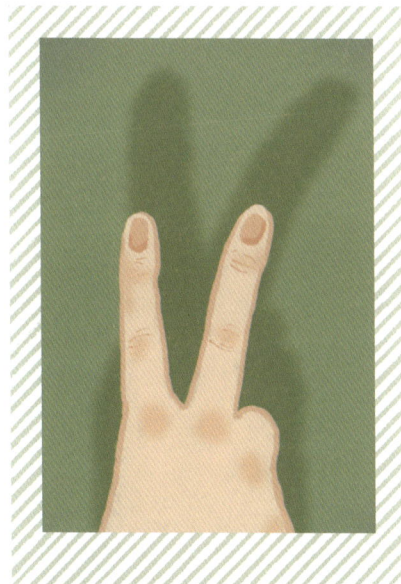

반드시, 절대

반드시 사랑을 하겠다고 해도
그 만남이 절대, 사랑이 아닐 수 있고

절대 사랑을 하지 않겠다 해도
그 만남이 반드시, 사랑일 수 있다.

사랑은 '절대'와 '반드시'의 의미가
기막히게 바뀌는 수가 있다.

눈물 나게 웃긴 이야기

눈물 나게 웃긴 이야기를 들었습니다.
웃다가 눈에 눈물이 고인 것도 몰랐네요.

그런데 한참 웃던 웃음을 그치고 나니
이상하게도 당신 얼굴이 떠오르네요.

당신을 떠나보낼 때 입은 웃는데
눈물이 나던 그 순간 때문이었는지요.

아니, 어쩌면 눈은 웃는데
입술로 울었던지도 모르겠습니다.

— 그리움으로……

괜찮지 않아

괜찮은 척은,
괜찮냐 하면서
웃으며 팔 벌리고 다가오는
그 사람에게
괜찮지 않다고
세상 해맑게 웃는 거지.

괜찮은 것은,
정말 괜찮냐고
울먹이며 다가오는 그 사람이
어색하지 않게
같이 울먹이는 일인 거지.

괜찮지 않다는 것은,
괜찮다는 위로로 다가오는
그 사람의 모습을 보고
발걸음을 돌리는 일인 거지.

괜찮지 않아, 난
전혀 괜찮지 않으니
가는 뒷걸음에도 돌아보지는 말길.

쓸데없는 사람으로부터 1

여자는 사람 아닌가.
사람과 사람이 만나는데
꼭 애인 사이라야 하는가.

그런 맥락으로 보면
우리는 참 쓸데없는 사이였고
또 계속 쓸데없겠지…….

그런데 나는 그런 쓸데없는 사이가 좋고
쓸데없는 사이가 더 소중하지.

우습지만……
당신을 처음 봤을 때부터
당신의 이미지란 게……
'세상의 모든 것이 고통'……이라는
불교의 한 이미지였어.

그래서인지 불교에 심취했다던
그 말에 피식 웃었다.

세상의 모든 것이 고통…….

다시 느낀 거지만 역시
당신에게 참 어울리는 말이었어.

통속적인 멘트인지 모르겠지만
아주 오래전에
당신을 닮은 여자가 하나 있었어.
하나도 닮지 않았는데도
내겐 그렇게 오버랩되는 여자…….

— 그리움으로……

짧은 시간……
참 내게 많은 것을 주었는데
정작 나는 아무것도 주지 못하고
떠나와 버렸네.

내내 참 많이 그리웠었는데……
어제 당신을 만나고 나니
그녀가 참 그리워지더라.

한 눈치…… 한 섬세……
하는 내가 보니
쓸데없는 당신……
인상이 좀 변했더라.

즐거운 일이 많아야 할 것 같아.
그 사람에게든 누구에게든……
많이 칭얼대기도 바래.

내가 바라는 건……
당신과 내가 지구 어느 편에 있더라도
이제 연락이 끊어지지 않았으면 좋겠어.

뭐, 커피 줄여라. 아프지 마라.
이런 말들은 내 몫이 아니니까 생략한다.
난, 당신에게 쓸데없는 사람이잖아.

초특급 아부 하나.
당신, 아주 분위기 있어졌어.

쓸데없는 사람으로부터 2

그간 힘이 들거나 하면
생각나는 얼굴은 단연 당신이었어.

그리 남겨진 진한 기억도
그 어떤 사연이 있는 것도 아니었는데
글쎄, 묘하게도 늘 떠오르는 얼굴이 당신이었지.

정신세계가 닮아서 그랬을까.
한 치의 거짓도 없이 그랬지.

사모? 글쎄,
사람과 사람 사이가
꼭 그런 것은 아니기에
그렇게 단정 짓기도 그렇고.

아무튼 당신은 내게 그리운 존재였어.
이해할 거야. '여자'로서보다
당신이라는 '사람' 자체에 대한 그리움.

당신의 다른 반쪽의 존재는
전혀 개의치 않았던
그런 커다란 정(情)이었더란다.

밝지만, 밝아 보이지 않고
그늘이 있는 그 분위기가
꼭 그리스 신화 속의
'다프네'나 '에우리디케'를 떠올리게 했지.

보고 싶다는 말
나는 참 안 쓰는 편이야.

— 그리움으로……

그런데 당신은 늘 보고 싶었기에
이렇게라도 보고 싶다는 말을 해.
바라는 거 없이 늘 잘해 주고 싶은 그런 당신.

정말 보고 싶네.

힘들어하는 어깨
토닥여 주고 싶고
이 계절 읽을 책
몇 권 안겨 주고 싶고

당신이 운전하는 차
옆자리에 한 번 더 앉아 봤으면 좋겠다.

벚꽃이 만개한 길을 달리며
당신이 "우리 같이 죽어 버릴까?" 했을 때
그때가 흩날리던 내 삶의 절정이었거든…….

고약한 사람

기질이 고약한 사람을
반년 정도 만났던 적이 있었습니다.
무성의에, 짜증에,
뻔한 거짓말을 밥 먹듯이 하던 사람.
연애 부적격자를 말이지요.

화가 나도 참아야 할 상황도 참으로 많았고
뻔히 거짓말인 줄 알면서 속아 주는 척해야 했으며
그래도 내 선택에 책임을 다하고자 견디었습니다.

하지만 도를 넘어선 그 사람의 횡포에 결국
각자의 길로 가자며 관계를 정리했고
그런 얼마 후 다음 사랑을 만나게 되었지요.

다음 사랑을 만나며 스스로에게 놀랐습니다.
그도 그럴 듯 나도 모르게 변해 있더군요.

힘든 등반 코스를 지나온 것처럼
사랑에 있어 튼튼함과 깊은 마음의 배려가 자리 잡고
내공도 부쩍 자라 있다는 것을 알 수 있었습니다.

두 번은 아니겠지만 인생에 한 번 정도는
그릇된 사람을 만나는 것도
사랑의 큰 공부가 되지 않나 생각해 봅니다.

— 그리움으로……

스토리텔러

일본 서점대상 수상작(2019년)
그리고 바통은 넘겨졌다

세오 마이코 지음 | 권일영 옮김
양장본 480쪽 | 값 15,000원

피가 섞이지 않은 부모들 사이에서 릴레이 경주의 바통처럼 넘겨지며 네 번이나 이름이 바뀐 한 소녀의 성장 서사. 1인 가족, 한 부모 가족, 다문화 가족, 재혼 가족 등 다양한 가족 형태가 공존하는 오늘날 가족이란 무엇인지, 부모의 역할은 무엇인지를 생각게 하는 작품이다. 2021년 일본에서 영화화, 문고판 베스트셀러 1위.

나오키상 수상 작가 모리 에토의 성장소설
클래스메이트 1학기, 2학기

모리 에토 지음 | 권일영 옮김
양장본 | 1학기 248쪽, 2학기 272쪽 | 각권 12,000원

중학교 1학년 한 반의 1년간을 클래스메이트 24명의 시점으로 릴레이하듯 이어간 연작소설. 그들 방식으로 고민과 문제들을 풀어나가면서 자기 인생의 주인공으로 성장하는 모습을 경쾌하고 때론 진지하게, 따스한 시선으로 풀어낸다.

미국·유럽·아시아의 30개국 출간 베스트셀러
앨리스 하트의 잃어버린 꽃

홀리 링랜드 지음 | 김난령 옮김 | 534쪽 | 값 16,000원

운명에 굴하지 않는 여성들의 우정과 회복력, 가족애와 사랑을 이국적인 호주 자생 야생화의 꽃말로 그려낸 장편소설. 인고의 삶을 사는 여인 5대의 대하드라마이자 운명의 굴레를 벗어던지고 자신만의 이야기를 만들어 가는 여성 주인공의 극적인 성장 서사다. 2019년 오스트레일리아 출판상 '올해의 소설상' 수상작. 2023년 아마존 프라임에서 8부작 드라마로 방송.

'처음 만나는' 아버지와 아들의 '부자 재탄생' 프로젝트
걸작을 가직

세오 마이코 지음 | 권일영 옮김 | 양장본 268쪽 | 값 14,000원

히키코모리 작가에게 태어나서 한 번도 만난 적 없는 스물다섯 살 아이들이 불쑥 찾아온다. 아버지는 양육비로 다달이 10만 엔을 보내고 어머니는 아들 사진 한 장을 보내는 것이 유일한 연결고리였던 두 사람. "당분간 여기서 지내게 해 줘"라는 말에 초면의 아들과 함께 살게 된다. 한 핏줄이라는 사실 말고는 무엇으로도 이어지지 않았던 두 사람은 진정한 가족이 될 수 있을까?

전국 서점에서 판매중 | 스토리텔러 발행

우리 인생의 영원한 테마, 고전문학에서 길을 찾다!
주제별로 엮은 세계 문호들의 중·단편소설 선집 — 테마 명작관

- 고전 명작 가운데 각권의 주제에 맞는 작품을 언어권 별로 전문 번역가들이 새롭게 번역.
- 같은 주제이지만 시대적·공간적 배경과 사연, 그리고 접근 방식과 해결 방안이 서로 다른 작품들을 비교하면서 읽는 재미를 제공.
- 오래전 작품이지만 지금 우리가 경험하고 있는 듯한 느낌을 주면서 독자의 공감을 이끌어내는 고전 명작 독서의 참맛을 체험.

1권 사랑
의자 고치는 여자·모파상 | 숯쟁이의 연기·에미 스이인 | 개를 데리고 다니는 부인·체호프 | 실수의 비극·헨리 제임스 | 이녹 아든·테니슨 | 아샤·투르게네프

2권 가족
인생유전·오 헨리 | 배냇점·솔로호프 | 아버지에게 드리는 편지·카프카 | 내 어린것들에게·아리시마 다케오 | 형제·루쉰 | 꽃잎 진 벚나무 너머로 들려오는 이상한 휘파람·다자이 오사무 | 할아버지 아르히프와 룐카·고리키 | 쥘르 삼촌·모파상

3권 사회적 약자
가엾은 리자·카람진 | 역참지기·푸시킨 | 외투·고골 | 가난한 사람들·도스토옙스키 | 관리의 죽음·체호프

4권 결혼
열두 번째 결혼·서머싯 몸 | 고집쟁이 아가씨·하이제 | 가을·아쿠타가와 류노스케 | 혼례식의 조종 소리·호손 | 아내를 위해서라면·토머스 하디 | 첫눈·모파상 | 사랑스러운 여인·체호프 | 죽은 자는 말이 없다·슈니츨러

5권 성적 욕망
악마·톨스토이 | 범죄 안에 깃든 행복·바르베 도르비이 | 피는 물보다 진하다·세르반테스 | 가죽 벨트·모라비아

6권 돈
리츠 호텔만 한 다이아몬드·피츠제럴드 | 벨다인 부자의 돈·슈니츨러 | 프로하르친 씨·도스토옙스키 | 백만 파운드 지폐·트웨인 | 승마·모파상 | 데카메론·보카치오

7권 죽음
클라라 밀리치·투르게네프 | 어린 라 로크·모파상 | 사냥꾼 그라쿠스·카프카 | 킬리만자로의 눈·헤밍웨이 | 가든파티·맨스필드 | 여름꽃·하라 다미키 | 고독한 사람·루쉰

각권 232~344쪽
각권 11,000원, 12,000원

전국 서점에서 판매중 | 에디터 발행

어이없어

복숭아 한 입 베어 물었다
아이스티 맛이 나서
아이스티가 복숭아 맛이었지
어이없어 웃었습니다.

당신도 그럴 때 있나요?
식사 후에 박하사탕 하나
무심코 집어 들어 입에 넣는 순간
박하사탕 향 향수만 쓰던……

어이없는 내 생각난 적.

— 그리움으로……

사랑

사랑이라는 단어, 사랑한다는 흔한 말.
하지만 무슨 말로도 대신할 수 없는 단어.

우리가 잃고서는 살아갈 수가 없는 말.
포용과 이해와 용서를 담고 있는 단어.

먼 훗날 세상을 떠난 후에도 들어야 할 말.
세상이 존재하는 한 영원히 사라지지 않을 단어.

말하면 말할수록, 들으면 들을수록 깊어지는 말.

이 세상 하나뿐인 소중한 단어. '사랑'
소중한 말. "사랑한다."

멸성제

나도 이제 당신만큼
아니 당신보다도 독해지고
당신만큼 사람 잘 버려.

그리고 내 이런 일들은
때론 불교의 멸성제 같은
느낌이 드는 걸 당신은 아는지.

한 사람을 만나고 버릴 때마다
당신과의 인연
그 업보도 그만큼 태워 버리고.

한 사람을 안을 때에는
윤회 되어 당신과 얽힐
인연의 실타래를
그 사람에게로
넘기는 듯한 의식.

당신이라는 언덕으로부터
넘어가는 주문이라는 것을
당신은 아는지.

그다음 세상. 그 아픔
그때는 내가 주어야겠지만
그러기조차 싫은 걸 아는지.

— 그리움으로……

한 사람

유난히 많이 돌아보던 한 사람
문을 닫지 못하고 나를 배웅하던 한 사람
그 사람은 어디선가 나를 참 많이도
돌아볼 것 같습니다.

한참 서서 배웅하는 그 모습이 짠해서
뒤돌다 말고 가서 머리를 만져 주던 기억.

하지만 이젠 뒤돌아 다가가서
다시 손을 잡아 줄 수도
염려의 말도 해 줄 수 없군요.

돌아봄이란 그런 내게
쓸쓸한 기억으로 자리를 잡았네요.

많이 돌아보던 한 사람은
그만큼 돌아봐서 슬프고……

일부러 돌아보지 않았던 사람은
그대로 가야만 했기에 슬프고……

돌아보았든, 돌아보지 않았든
내 뒷모습 레테의 강에 던지지 말고
가슴 속에나마 묻어 주십시오.

— 그리움으로……

사
과

어저께 라디오를 듣는데
이런 구절을 읽더라.

"깨끗한 사과는 땅에 떨어져도
흙이 묻지 않지만
한입 베어 먹은 사과는 쉽사리 흙이 묻는다."

사람의 마음도 마찬가지다.
그래. 한번 상처가 나면
한번 떼어 주고 나면
참 쉽게도 상처받고 흙이 묻는다.

악어의 눈물

드라마를 보고 우는 여자,
CF를 보고도 우는 여자를
남자는 더 잔인하게 버리고.

간까지 빼 줄 듯이
녹아내리던 남자가
돌아설 때 뒤끝은 더 좋지 않지.

난데없이 술을 사 들고 와서
어깨를 두드리는 친구의 목표는
무엇인가 부탁하는 것일 테고.

연민과 동정으로 색깔을 입힌
모든 걸 초월한 헌신적 사랑 따위
자신이 빛나고자 할 뿐인 거지.

…… 어느 교수가 말한
악어 이야기가 생각나.

네 가지 표정뿐인 악어.
입 다물고 눈 감기.
입 벌리고 눈 감기.
입 다물고 눈 뜨기.
입 벌리고 눈 뜨기.

악어는 눈물도 흘릴 수 있다고……?

천만에.

―― 그리움으로……

해운대

그런 채널이 있어.

해운대 앞바다에
24시간 카메라를 설치해 두고
해운대 바다 모습을 늘 보여 주는 곳이.

일부러 조그만 창을 열어 두고
매일 보고 있곤 해.

해가 지고
어둠이 깔리고
또 어떨 땐 새벽 바다.

그러니 말야.
혹시 해운대 해변을 지나갈 일이 있으면
걸어오면서 손 한번 흔들어 주렴.

화면 속에서 손 흔드는 사람이 있으면
당신인 줄 알고 나도 손 흔들게.

안녕, 오로라

이번에도 나는 추운
북극에 홀로 서 있구나.

당신은 그 반대
추운 남극의 오로라였겠지.

안녕.
오로라.

별 이야기

좋은 날은 하얀 별,
나쁜 날은 검은 별로
표시했다는 캔디처럼
나도 마음속에 별을 모았던
때가 있었어.

지금도 가끔은?
그런 생각을 해.

좋은 사람을 만날 때,
그리고 마음 가득
기쁜 일이 생겼을 때

내 가슴속에는
새로운 별이
하나씩 뜨곤 했지.

깊은 밤에 점 찍어 둔
내 별은 아침이 되면
사라지지만
가슴속에 가둬 둔 별은
쉽게 사라지지 않는 법이거든.

하지만 그 별들도
사라지는 때가 있었어.

나는 기쁨의 별들을 탐닉하며
온전한 내 소유물로 하고 싶었지만
그렇게 하기란 쉬운 일이 아니었지.

사람에 대한 미움이나 이별로 인해
내 별들이 하나둘 희미해지는 걸
막을 수가 없었어.

슬픈 일들을 잊기란 쉽지 않아.
지는 별들은 별의 무덤으로 향하고
나는 한동안 그 무덤 사이를
헤매었던 것인지도 모르지.

내 방황이 시작되면
다른 밝은 별들마저
빛을 잃고
내 방황이 끝나면
그때 이미 다른 많은 별을
잃은 후일지도 모르지.

당신 참 멋있다

당신이 살아오면서 받은 상처는
인생이 던진 수많은 시험과 시련에
꺾이지 않았다는 것을 보여 주고 있어.
부끄러워할 이유도 없고 잊어서도 안 되지.
자랑스럽게 걸고 다녀야 할 전리품들이니까…….

살다 보면 사람이 참 우습고도 싫어질 때가 많지?

그런데 어떤 사람을 싫어한다는 것은
그 사람한테도 타격을 주지만
나 또한 타격을 받더라고.

우습게도 싫어하는 사람 생각하느라
정신 에너지랑 시간 허비하는 게 타격이고
삶의 질마저 떨어뜨리는 거지.

그냥 신경 안 쓰는 게 답인 건 다 알지.
설사 남들이 나에 대한 과장이나 거짓들을
듣는 일이 있다 해도 대개는
사실일 것 같아서 듣는 게 아니더라고.

그냥 더 드라마틱하고 재밌으니까,
거짓으로 덮어씌우는 사람만이 아니라
얘기한다고 곧이곧대로 평판하는 사람도.
혹 믿더라도 그냥 끼리끼리 그런 것뿐이었고…….

그러니까 멋있는 당신은 그런 것에
너무 가치 두지 말고 진심 멋있게 살아.

—— 그리움으로……

살면서 가질 취미도 많고 맛있는 것도 많고
더 만날 사람도 많고 갈 곳도 얼마나 많냐.

나쁜 짓 많이 했으면 그 원한만큼
언젠가 알아서 업보로 돌려받겠지.
미운 사람이 나한테만 미운 짓 했겠냐.
만만하거나 입맛에 안 맞는 사람들한텐
똑같이 그러는데 어쩌다 내가 걸린 것뿐이야.

그저 좋았으면 추억이고 나빴으면 경험이야.

아브라카다브라. 멋있게 살자고.

3

인연이란
……

남자

세상에서는 천대받는 조직폭력배.
하지만 할리우드에서는 갱스터무비로,
우리나라에서는 조폭 영화로 끊이지 않는
인기를 누리는 이유는 어디에 있을까.

어느 배우가 그러더라.
세상에는 두 가지 유형의 남자가 있다고.

지금 조폭으로 사는 남자와
한때 조폭을 꿈꾸었던 남자.

멋진 의리와 장렬한 최후를 꿈꾸던
그 많던 조폭 지망생들은 지금
어떤 꿈을 꾸며 살고 있을까?

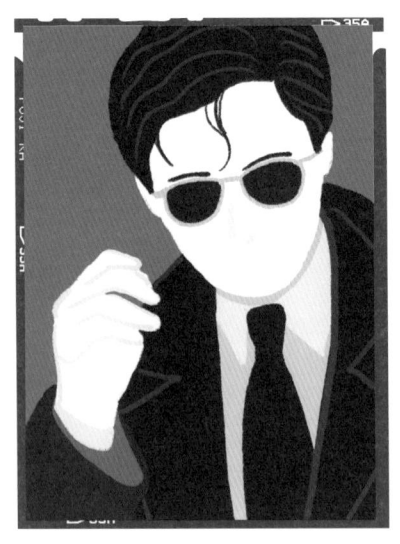

—— 인연이란……

나는 당당하게 살리라

서점 산책을 하다 에세이 코너 책꽂이에서
맨 아래에 있다 못해 외진
구석에 꽂혀 있는 책이 눈에 띄었습니다.

책이 꽂힌 자리와는 전혀 어울리지 않게
삶의 열정이 활활 타오르고 한 사람의
파란만장한 인생이 녹아 있는 듯한 그 책의
제목은 "나는 당당하게 살리라".

세상의 외진 모퉁이에서 오늘도 열정을
다해 힘차게 살아가는 우리 모습 같아
잠시 눈시울이 뜨끈해졌습니다.

적

적이 생겼다고 투덜거리지 마라.
적이 생겼음을 반가워하고 기뻐하라.

적이 생겼다는 사실이야말로
누군가 나를 뛰어넘으려 한다는 것이고
끊임없이 시기 질투를 한다고 알려 주는 일이다.

누군가의 온전한 적일 수 있다는 것은
내 진정한 가치를 인정받는 일이다.

적에게 성난 눈빛을 보이지 마라.
적의 성난 눈빛을 보더라도 노여워 마라.
오히려 그 순간을 반기고 기뻐하라.

강건한 적에게 날리는 웃음 한 방이야말로
환희의 승리일 테니까 말이다.

―― 인연이란……

지는 법

거짓말, 겉치레, 아첨, 음해, 모사로
사람들보다 앞서가려 하고
허세, 허영, 사치, 교만, 욕망으로
사람들보다 뛰어나다 생각하고,
비방, 욕설, 조롱, 멸시, 저주로
사람들 마음을 아프게 하는 사람들…….

남에게 이기는 방법보다
자신에게 지는 방법을 조용히
마음에게 물어볼 때입니다.

너무 많다

말로만 고맙고
가슴으론 고맙지 않은 사람들.
말로만 미안하고
눈으론 미안해하지 않는 사람들.

앞에서만 다정하고
돌아서면 비수를 품는 사람들.
눈으로만 가까이 있고
마음으론 멀리 있는 사람들.

너무 많다.

—— 인연이란……

이름 없는 악당

비열한 밉상 캐릭터는
왜 꼭 완결편까지 나오면서

역전의 용사 캐릭터는
왜 중도 하차를 해도 멋지면서

악당 부하의 인생은
왜 사라져도 설명 한 줄이 없을까.

엔딩크레디트가 끝나고라도
다만 몇 초라도

이름 없는 악당의 설명 한 장면
넣어 주세요.

잡초

잡초가 새싹과 꽃들이 서 있을 자리를
차지하는 것이라 생각지 마라.

뿌리로부터 초록으로 먼저 깨어나
눈을 뜰 새싹과 피어날 꽃들을 품는,
봄이 봄답게 하는 마음을 가졌으니까.

잡초가 단풍잎과 은행잎이 누울 자리를
줄이는 것이라 생각지 마라.

뿌리로부터 힘차게 손에 손잡고
여름의 태풍과 폭우로부터 토양을 지켜 내
가을을 맞게 하는 고마운 배려를 지녔으니까.

억세고 하찮다고 막사는 인생 같다고
결코 함부로 말하지 마라.

잡초로 인해 더 귀하게 여겨지는
화려한 꽃들과 아름드리 뽐내는 나무들아,
잡초가 살아가는 낮은 자리까지 빼앗지는 마라.

격려

누군가 조언을 바라고 다가왔을 때
긴말을 전하기보다 그 사람의 결심을
흩트리지 않는 끄덕임을 꼭 부탁해요.

그 사람은 많은 생각과 갈등 후에
이미 마음의 결정을 내리고 힘을 얻고자
충고가 아닌 격려를 원한 것일 테니까요.

누군가를 질책하기 위해 마주 섰을 때
비난으로 끝내지 말고 그 사람과의 관계를
깨뜨리지 않는 토닥임도 꼭 부탁해요.

그 사람은 수없이 입술을 질끈 깨물며
이미 스스로 반성하고 달게 받고자
용서와 화해를 기다린 것일 테니까요.

— 인연이란……

비스듬히

비스듬히 열려 있는 문을 지나다가
열려 있는 선반의 문을 닫다가
거리를 가늠치 못해 몸을 긁히기도 한다.

사람의 마음도 그러하다.
마음을 닫아야 할 사람에게
마음을 비스듬히 열어 두다간
다가오는 사람에게 상처를 줄 수 있다.

마음을 닫을 때
그 사람이 있는 거리를 가늠치 못해
가슴을 긁는 흉터 자국을 남길 수 있다.

부정

가까운 이의 부정을 우연히 발견했을 때
의리를 지킨다고 함께 함구하기보단
그러면 안 된다고 사납게 질책부터 하기보단
길지 않은 충고로 느끼게 하면 어떠할지.

그래야만 할 이유가 있다고 변명할 때
꼭 그래야 할 이유의 자기 합리화는
자신의 욕망일 뿐인 거라 말하면 어떠할지.

그럼에도 부정에서 손을 떼지 않을 때
부정을 퍼뜨리지 않되 피해 보는 사람에게
말하여 그치는 방법을 찾음은 어떠할지.

부정을 그치게 한 후에 다시 한번 충고로써
잘못된 욕망은 성공이 아닌 파멸의 길이라고
정확히 일러 주면 어떠할지.

그 욕망의 철길엔 정차역 대신
낭떠러지뿐이라고 말해 주면 어떠할지.

그럼에도 원망할 때 그제야
인연을 끊어 냄은 어떠할지.

공감

슬픈 영화를 보면서 뒷자리에 앉아 있는
젊은 여자분의 흐느끼는 울음소리를 들었습니다.

아직 아무도 눈물을 훔치는 사람도,
흐느껴 우는 사람도 없는데
서글프게 울고 있는 어느 젊은 여자분.

드디어 영화의 슬픈 장면이 절정으로
치달을 때 목놓아 통곡하는 그 여자분.

아마도 같이 울어 줄 사람이 필요했던가 봅니다.
오늘은 제가 소리 내어 함께 울어드리겠습니다.

오늘 하루만 그리 마음 놓고 편히 울고
내일부터는 환하게 웃으시길 바랍니다.

반추

안 좋은 일을 겪고 보니
나를 진심으로 위하는 사람이
어떤 이들인지 알게 됐습니다.

힘들 때 손 내밀어 잡아 줄 사람이
누구인지 알게 됐습니다.
상대가 평소에 나를 어떤 잣대로
생각하고 있었는지 알게 됐습니다.

이익만을 생각하고 관계를 잇던 사람.
내가 없어도 어차피 무방했던 사람.
혹여 피해가 미칠까 먼저 선 긋는 사람.
이전과 나를 대하는 태도가 다른 사람.

이로 인해서 나도 사람들을
어찌 생각하고 있었나 깊이 사유하게 되어서
주변을 대하는 온도가 변하게 됩니다.

내 상황이 바뀌니 따뜻한 사람들은
더 따뜻해지고 차가운 사람의 냉랭함은
더 시리게 느끼며 짐스러운 사람의
무게는 한없이 나를 짓누릅니다.

내 위치가 바뀌니
들리는 소리가 바뀌고
보이는 풍경마저 변하고
그만큼 행동도 달라지나 봅니다.

그 안에서 내가 끝까지 챙겨야겠다는
사람이 머릿속에 떠올랐습니다
내가 떨어지는 순간, 나는 떨어져도 끝까지
받치고, 손잡고, 보듬어야 할 사람이 떠오릅니다.

— 인연이란······

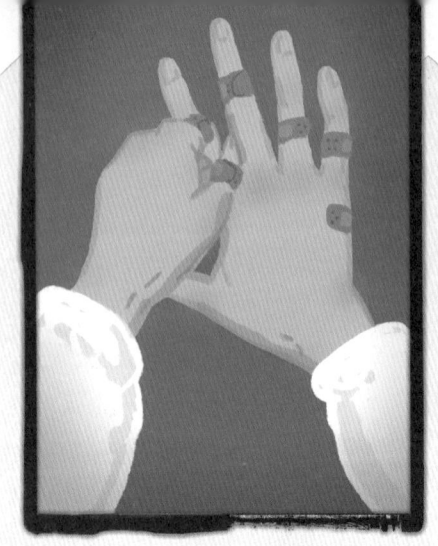

상처

상처를 보여 주며 말하는데
그 상처를 대수롭지 않다는 듯
말하는 사람들.

그냥, 누군가가 누군가를
좋은 의도로 안타깝게 보고
안쓰러워한다는 건
정말 중요한 일이니만큼
그저, 토닥여 줍시다.

그 상처를 잘 받아들이며 사는 것을
끄덕여 주는 것도 좋은 위로니까.

어차피 이래도 저래도
낫지 않을 상처
같이 가더라도
번지지는 않도록…….

않아요

냉정하게 말한다고
하나도 똑똑해 보이지 않아요.
오히려 멍청해 보여요.

공감 능력은 지능과
비례한다는 말도 있잖아요.

도도하게 행동한다고
하나도 고귀해 보이지 않아요.
오히려 측은해 보여요.

자존감은 내면에서
비롯된다는 말도 있잖아요.

비판부터 한다고
하나도 잘나 보이지 않아요.
오히려 자기 회피지요.

자기애도 존중에서
발현된다고들 하잖아요.

잔인하게 자학한다고
하나도 달라질 것은 없어요.
오히려 나쁜 나르시시즘이지요.

가장 소중한 자신을 괴롭혀
얻는 감정은 멈춰져야만 해요.

한순간, 인연

사람이 싫어지는 때가 있다.
경멸이나 귀찮은 듯한 표정,
성의 없는 대답과 뻔히 보이는 거짓말이나
임시방편으로 상황을 모면하기 위한 잔머리를 대할 때…….

그 짧은 순간이 그 사람의 반절을
훌쩍 넘는 이미지가 되어 버리고
그 사람의 그때 표정이나 태도와 말투가
그 사람의 이름 옆에 각인되는 순간이 있다.

오랫동안 쌓아 왔던 우정도, 사랑도
그 몇 초 만에 도미노처럼 와르르 무너지는
것을 느끼며 우리의 인연 중에 또 하나가
끝으로 향한다.

사람의 인연이란, 정이란 가끔은 이처럼
종이 한 장처럼 가볍고 부질없다는 것을
느끼는 것.

또한 도미노처럼 한순간에
무너지는 것을 느끼는 데
그리 오랜 시간이 필요하지 않다는
사실이 참으로 안타깝다.

―― 인연이란……

말 한 마 디

친구가 선물로 받았다며
새 가방을 들고 왔습니다.

디자인도 예쁘고 튼튼하다며 날아갈 듯이
가방 자랑을 하는 친구에게 다른 친구가
툭 한마디 내뱉습니다.

"짝퉁이네."

한 사람의 말일 뿐 진짜인지도 모르는
가방을 든 그 친구는 이내 부끄러워서
가방을 뒤로 숨깁니다.

"가방 참 예쁘네."

뒤늦게 건넨 나의 말은 비아냥이 되어 버린 듯
친구는 내게 눈을 흘기기까지 합니다.

짧은 말 한마디에 천국과 지옥을
한순간에 오고 간 친구.
사람의 말 한마디는 참 대단한 위력을
지녔습니다.

기왕이면

"그 옷 예쁘다"보다
"그 옷 입으니 참 예쁘다".

"그 생각 참 좋은데"보다
"그런 생각 한 네가 참 좋은데".

"잘될 거야. 힘내"가 아닌
"너는 잘될 수밖에 없잖아. 힘내자".

"오늘은 내가 쏜다"가 아닌
"오늘은 커가 비용까지 내가 쏜다".

고래도 춤추게 한다는 칭찬이라는데
까짓것 인심 좀 더 씁시다.

긍정의 메시지로 격려를 할 거면
리액션까지 강하게 힘을 줍시다.

기왕에 오늘은 쏘기로 한 거면
오늘만큼은 영혼까지도 탈탈 털어 줍시다.

우리 힘내자

친구가 함께 시간을 더 보내고 싶어 할 때
대화의 공백을 유난히 두지 않으려 할 때
별로 웃기지 않는 농담에 더 크게 웃을 때
지난날의 추억들을 자꾸만 곱씹어 낼 때
걸어가는 뒷모습이 왜인지 쓸쓸해 보일 때

친구의 마음 건강을 한번 챙겨 주십시오.
분명 따스한 격려와 온전한 희망이
필요한 시간일 겁니다.

'힘내라'가 아닌 '우리 힘내자'라는
토닥거림을 함께 나누고 싶었을 겁니다.

파이팅!

이른 새벽 울리는 전화에 잠을 깨었습니다.
사는 것이 힘들다며 이 시간에 전화할 곳이 없어
내게 전화를 걸었다는 친한 동생.

비몽사몽 잠에서 깨어 잠긴 목소리에 건성으로
짧은 대답을 하는데도 푸념은 이어집니다.

듣는 둥 마는 둥 하다 푸념이 끝이 난 듯해서
완전히 목이 잠겨 내가 들어도 괴물 같은 목소리로
"힘내! 파이팅!" 해 주었더니
그 동생이 울먹이는 목소리로
"파이팅!"이라고 합니다.

오늘 퇴근 후엔 그 동생을 만나서
맛있는 저녁을 사고 오랜만에
함께 음주 가무를 즐겨 봐야겠습니다.

그리고 술에 취해 동네가 떠나갈 듯한
크고 힘찬 목소리로 "힘내!!! 파이팅!!!"을
외쳐 주겠습니다.

그리고 뼈가 으스러지게 꽉 안고
토닥거려 주겠습니다.

—— 인연이란……

소녀처럼 웃으렴

최근에 친구에게 내 인생에서
가장 멋진 칭찬을 들었어.

"아직도 소년처럼 웃네."

그 후로 정말 난
소년처럼 웃으려고 노력한다.

그런 소녀의 마음
오랫동안 간직하렴 친구야.
그리고
영원히 소녀처럼 웃으렴.

친구의 첫사랑

친구를 만나선 모임 앱으로 다시
연락이 닿은 내 친구의 첫사랑에게
전화를 했지.
쑥대머리 고등학교 시절로 돌아간 듯이
발개지고 어색해하던 내 친구의 얼굴.

오랜 세월이 흘렀음에도 알콩달콩
끊이지 않던 두 사람의 통화에
내 마음이 다 흐뭇하고 설레더군.

통화가 끝난 후, 나와 함께 그 첫사랑을
같이 한번 만나고 싶다고 상기된 얼굴로
룰루랄라 즐겁게 이야기하던 내 친구.

분명 오늘 밤은 가슴 벅차던 첫사랑과
처음 손을 잡던 날의 꿈을 달콤하게 꾸고
있으리라 싶어.

아니 어쩌면 그 첫사랑과 가슴 아프게
헤어지던 날의 꿈을 꾸며 그 시린 날들의
눈물로 다시 베갯잇을 적시고 있을지도
모를 일이야.

— 인연이란······

어울려

친구와 백화점에 들렀습니다.
선글라스를 고르는 친구는
화려한 선글라스에 꽂혀 발걸음을 멈추고
그 선글라스를 사기 위해 지갑을 꺼내었습니다.

그런 친구에게 조용히 다가서며 튼튼해 보이고
그에게 어울리는 선글라스를 손에 집어 들곤
화려한 것은 금세 싫증 나고 얼마 지나지 않아
유행이 지나갈 것이라 말하며 건넸습니다

고개를 끄덕이며 내가 골라 준 선글라스를
사는 친구가 내게 그리 말했습니다.
"너처럼 나한테 잘 어울리네. 평생을 쓰겠어."
'어울린다'라는 믿음 가득한 친구의 한마디가
하루 종일 흐뭇하게 만들었습니다.

―― 인연이란……

사연 배틀

"평범하게 산다는 것이 얼마나 좋은 건지 아나요?"
한참을 내게 푸념을 늘어놓던 지인에게
툭 던지며 시작한 사연 배틀.

몇 분 이야기하다 한쪽 입꼬리를 올리며 씩 웃으니
"이야기 들으니 난 행복한 거네"라며 얼굴이 환하게 펴진다.
"그러고 어떻게 살았어요?" 하며 보내는 미소엔
묘한 카타르시스도 느껴졌었고……

불꽃이 타다가 꺼지면 처참한 거 알지?
불타지 않더라도 은은한 숯불이 좋은 거야!

위로의 다른 이름
사연 배틀.

사막장미

해외 출장길에 나뭇가지가 휘어질 만큼이나
아름다운 꽃을 가득 피우고 있는
작은 나무를 보았습니다.
그늘 하나 없는 곳에서 쨍쨍한 햇볕을 받으며
메마른 땅에서 어찌 당당하게 그 많은
꽃들을 피우는 것인지…….

그 꽃나무에 대해 물어보니
메마른 땅에서만 자랄 수 있고
물을 충분히 주면
도리어 시들어 버린다고 하더군요.

뜨거운 햇볕을 좋아하고 뿌리를 길게 뻗어
깊은 땅속의 수분을 끌어올려서 산다는……
그럼에도 벌레도 꾀지 않고
오래 피어 있다는 신기한 꽃나무.

척박한 환경에서 굴하지 않는 당당함으로
성공한 사람들이 더 많음을
그 꽃나무를 통해 다시 한번 생각해 보았습니다.

귤 까는 소리

"귤 까는 소리 하네!"

언제부턴가 말도 안 되는 이야길 들으면
욕설을 패러디한 말로
'귤 까는 소리 한다'는 말이
험한, 때로는 웃긴 표현으로
사람들 입에 오르내리게 되었습니다.

귤을 까면 그 향기가
온 방에 가득한데 말이지요.

귤 까는 소리…….

귤을 까는 소리처럼
향기까지 가득 퍼지는
말이 또 어디에 있을까요.

새삼 험한 말의 홍수 속에 예쁜 뜻을 지닌
말들마저 의미가 퇴색되는 건 아닌지
가만히 생각해 봅니다.

리스펙트

힙합 뮤지션들 사이에서
디스전이 벌어진 적이 있었습니다.

disrespect를 줄여서 dis라고 하는데
랩으로 다른 팀 비방을 이어가는 일을
dis battle, 디스전이라고 합니다.

하지만 그 디스전 이후에 훈훈한 respect battle,
줄여서 리스전이 힙합 뮤지션들 사이에서
오고 간 사실은 잘 알려지지 않았습니다.

사람들은 힙합 뮤지션들에게서 새로운
디스곡이 나올 때마다 환호하고 관심을 기울였습니다.

하지만 서로를 격려하는 리스곡이 나왔을 때
관심 가진 사람들은 극히 드물었던 것으로 알고 있습니다.

우리에게 없는 외국 문화가 한 가지 있습니다.
그들은 비방으로 끝나지 않고 충고를 하고
끝에는 꼭 격려를 합니다.

힙합 뮤지션들의 디스전과 리스전을 지켜보며
우리가 살아가는 데 정말 필요한 것은
비방보다는 충고가, 비하보다는 칭찬이
아닐까 생각해 보았습니다.

아이돌 스타

아침 방송에서 왕년의 아이돌 스타들을
초대해서 근황을 묻는 프로그램을 보았습니다.

그 프로그램엔 내가 참 좋아했었던,
지금은 평범하지도 못한 힘든 삶을
살고 있는 스타도 나와서 이야기를 했습니다.

때 이른 성공이 자신의 인생에서 다음 시간들을
교만하게 만들었다는 말을 하며
눈물을 글썽이던 왕년의 아이돌 스타.

그 스타의 말을 들으며 성공보다 중요한 것은
성공의 과정과 자신을 지켜감이라는
사실을 새삼 생각하며 그 스타가 다시 한번
예전의 명성 되찾기를 마음으로 빌어 주었습니다.

— 인연이란……

독사 선생님

학창 시절,
독사라는 별명을 가진 선생님이 계셨습니다.

거의 모든 학생이 싫어하던 선생님.
독사라는 별명도 스스로 아시고
또 즐기시는 듯 "나한테 물리면 즉사!"라며
커다란 몽둥이를 흔들어 대시던 선생님.

그런데 동네를 지나다 우연히
독사 선생님을 뵙게 되었습니다.

선생님의 아이들인 듯한 남매와 함께
아이스크림을 들고 밝게 웃으면서 길을 지나다
반갑게 인사를 받아 주시던 선생님.

아이들과 함께 앞서가는 뒷모습마저도
웃는 모습인 독사 선생님을 보면서 생각했습니다.

사람은 사랑 앞에서는 누구나
천사의 모습이라고……
독한 사람도, 메말라 보이는 사람도
결국엔 '사랑'하며 '사랑'으로 살아간다고…….

카운슬러

커피를 마시며 이야기를 하고 있는데
앞 테이블 아가씨 두 명의 대화가 들렸네.
요즈음 많이 힘이 든다고. 우울증 같다고.
이런저런 이야기를 상대방에게 하네.

그런 푸념에 카운슬러랍시고 해 주는 말이
자기는 더 힘들 때도 잘 이겨 내었다며
힘들다는 상황마저 조목조목 짚어 가면서
토를 달고 너보다 더한 사람도 산다고
힘내라는 단 한마디 없이 이야기를 맺더군.

내가 자세를 바꿔 그 아가씨를 쳐다보니
이내 바로 눈물이 떨어질 듯한 표정으로
나와 눈을 마주치더라고. 한 몇 초 동안……
그대로 마주친 시선으로 바라보고 있었지.

-그 마음 알아요. 힘내요.
-참 힘드네요. 나 어쩌지요.

내가 눈으로 말하는 걸 그 아가씨가 보았듯
나도 그 아가씨가 눈으로 말하는 이야기를
듣고선 눈꼬리를 내리며 힘주어 웃어 주곤
자세를 바꾸어 다시 일행의 눈과 마주쳤지.

-나는 더 심하게 힘들었어.
-그러니 너도 잘 버티어야지.

다른 아가씨가 하는 말을 듣곤 화가 났지만
'잘 들어주고 토닥여 주며 힘내라고 하는 게
그처럼 힘든 일인가요? 사람의 마음들이
모두 내구성이 같을 수는 없어요' 하면서
다른 아가씨의 뒤통수에 대고 마음으로

말할 수밖에 없는 상황을 안타까워했지.

사랑이 있다면, 의리가 있다면
상대방을 자신처럼 생각하고 말을 들어주며
관심 가져 주는 게 상대에 대한 도리 같아.

요즈음 사람들은 그마저 감정의 과잉이라
생각하고 있는 걸까. 자기만 중요하다며
'네 고민, 네 아픔을 내가 어찌해' 하는 걸까.

이야기를 끝내고 내 옆으로 지나가던
그 아가씨의 그렁그렁한 눈물에 마음이
참 쓰라렸었다.

우리에게 흔한 그 장면이 도무지
뇌리에서 지워지지 않는다.
그 어딘가에서 울고 있을
그 서러움이 내 것인 양 서글프다.

서울역

서울역에 앉아 있으면
노숙자 아저씨들이 나한테 많이 오곤 해.
착하게 생기지도 않았는데
하여튼 천 원짜리 좀 달라고.

웃긴 건 말이야. 그들 사이에도 그런 게 있나 봐.
조금 거만하다 싶은 사람도 있어서
그들의 눈빛에는 힘이 잔뜩 들어가 있지.

그리고 눈빛이 착한 사람들.
착한 눈빛의 아저씨들에겐
들고 있던 차가운 음료수라든지
천 원짜리 몇 장도 쓱 드리곤 해.

그러면 말이야. 그 아저씨들은 내 앞에 서서는
자기가 왜 그렇게 되었는지를 하소연해.
100프로 돈 때문이지. 대개의 스토리는
직장 잃고 사기당하고 와이프 집 나가고…….

그리고 끝까지 웃음을 머금고
그 아저씨들 말을 들어주는 게
내 몫이라 여기곤 해.

그러면……
꼭 그런 말을 듣곤 해.
"복받을 겁니다."

그럼 난 반달 눈웃음으로 말해 주곤 해.
"아저씨가 더 많이 받으셔야겠네요."

그리고 속으로 되뇌곤 해.
'죽을힘 한번 다해서 살아 보세요.'

―― 인연이란……

요즘 세상

요즘 세상에
죽고 싶다고 하면
병원에 가 보라든가
이상한 사람 취급받아서

그게 싫어서
항상 밝게 보이고
죽고 싶다고 생각해도
누구에게도 말하지 못하고
자기 안에 꼭꼭 더 가두지요.

누구나 안고 있는
어두운 부분을
순순히 인정하지 않는
이 시대는 잘못되었습니다.

동영상 플랫폼이나 SNS에서
남들이 주는 '좋아요' 수가 가치가 되고
어둠을 가린 화려한 사진과 플렉스가
자신을 인기 있는 좋은 사람,
행복한 사람이라고 말해 주는 세상.

이런 세상에서 당당하게
죽고 싶다고 말할 수 있고
그래도 산다고 장담할 수 있는
당신은 정말 강한 사람이랍니다.

밥은 넘깁니다

황망한 일이 생겨
망연자실할 때마다
생각이 납니다.

갑작스럽게 세상을 뜬
친구의 장례식에서
남편 친구들을 맞으면서

한마디라도 더해 주려고 하던
그 공허하던 눈빛의
친구 와이프 얼굴.

깊은 시련이 올 때마다
슬픈 소식이 들릴 때마다

'또 왔구나' 하고
가슴이 미어지고
주체할 수 없는 공허함이 올 때면

그 상황에서 한마디라도
더해 주려던 친구 와이프의 눈빛이 떠올라
억지로 밥은 넘깁니다.
힘을 냅니다.

위로

"요즘 누가 위로가 돼요?"
하는 질문을 받았다.

"모르는 사람들이요"
라고 대답을 했다.

그러게 말이야.

힘들어하는 사람들의
게시물에 달아 둔
익명의 '힘내라' 릴레이를 보면
마우스 스크롤을 다 마치곤
모니터를 향해 꾸벅 인사를 한다.

내 아픔도 아닌데
내 슬픔도 아닌데

한 사람의 나무에 달아 준
공감과 위로의 꽃들에,
리본들에 진심을 표한다.

그 모두의 위로를 받는다.

있
었
다

수술 후에
무통 주사를 꽂고 있다
뒤늦게 약이 줄어들지 않는 걸
확인한 뒤에야 통증이 몰려온 적이 있었다.

조카들에게
너희는 무한 가능성이 있다고
말해 주고 있는데 거짓말하지 말라고
돌 같은 솔직한 반응에 무안한 적이 있었다.

따돌림받는 직원이 불쌍해서 같이 있어 주고
성의껏 상담해 주었더니 오히려 그들과 한편이 되어
내가 따돌려져 혼자서 떠돌아야 했을 때가 있었다.

어느 봄날에
문을 열고 나서는데 그냥 햇살이
너무 포근하고 날씨가 기막힌 오후라서
세상에서 내가 가장 행복하다고 생각한 날이 있었다.

내 탓이다

'내 탓이다.'

'네가 그래서 마음이 편하다면
모두 내 탓으로 해라.'

그래서 상대방이 마음이 편해진다면
탓 따위 모두 짊어져 줍시다.

평판은 하루아침에 무너지지 않습니다.
사람들은 기가 막히게 눈치를 채고 평가합니다.

'내 탓이다.'

'다 내 잘못이고
내가 못나서 그래. 난 무얼 해도 안 돼.'

그래서 상대방이 추스르기 힘들다면
탓 따위 같이 짊어져 줍시다.

역설은 원점에서 시작되는 것입니다.
사람들은 기가 막히게 도와주고 응원합니다.

—— 인연이란……

세상살이

이 세상에 존재하는
모든 상식을 알더라도
설명할 수 없는 것들은 참 많다.

이 세상을 살아가는
모든 존재의 전성기는
찬란할수록 연기처럼 사라진다.

상처를 주는 사람은
그럴 때만큼은 백치가 되어
그 상처를 피하고픈 심정을 모른다.

모질고 나쁜 사람들이
성공하는 이유는 자신에게 찾아오는
시련에게도 냉정하기 때문이다

정 많고 따스한 사람들은
솜털처럼 가벼운 존재라 바람이 불 때
다시 날아와 슬픔을 머금어 준다.

사람들

가슴에 박히는 말을 듣고
따뜻한 말을 듣는 것이 나을까

괜찮은 말로 시작해서
가슴에 긁히는 결론을 듣는 게 나을까

달콤한 꿈같은 현실을 맛보고
절벽 같은 현실에 절망하는 것이 나을까

계속 각박한 현실 속에서 살며
언젠가 올 희망을 꿈꾸는 삶이 나을까

중요한 것은 그럴 때
같이 있어 줄 사람들

꽃처럼 필 땐 힘겹고
질 땐 하염없더라도
결코 떠나지 않을 사람들

마음 한편 기댈 수 있는 온기들.

인연이란……

상처는 향기의 영역

상처 있는 사람 곁에 있어서
상처를 받는 것이 아니다.

상처는 향기의 영역이라
상처가 없으면 끌림이 없다.

꽃들이 향기를 내는 것은
벌과 나비가 상처를 주어서이고
숲의 나무들이 내음을 지니는 것도
햇살의 상처, 추위의 상처일 것이다.

길을 가다 향기가 짙은 사람을 지나쳐
바라보면 뒷모습에 움푹 상처가 패어 있다.

사는 게 다 그래

내가 힘겨움을 이야기할 때
고작 그것 갖고 그러냐며
투덜거리거나 핀잔 주면서도
항상 끝까지 들어주는 친구.
"사는 게 다 그래"라며 토닥여 주는 친구.

가끔은 한참 더한 푸념을 하며
덕분에 마음속이 후련해졌다고
현실 엄지 척 한 방 날려 주는 친구.
선을 넘는 속내 터놓는 그 친구.
내가 "사는 게 다 그래" 할 땐
서운하다고 구시렁대는 친구.

서로 내공이 더 깊다 추어주며
서로 괜찮다, 괜찮다 토닥이며
서로 핀잔하며, 놀리며, 웃기며
심각할 때도 농담을 주고받는 친구.

사랑보다 소중한 우정이 분명 있다고
가끔은 눈물이 핑 도는 순간마저
느끼게 해 주는 참 좋은 친구.

서로 눈치 안 보고 마음 놓고
"오늘 기분이 참 안 좋다"
솔직히 털어놓을 수 있는 친구.

나쁠 때,
아플 때 생각나는 친구.

―― 인연이란……

하루

조금 남아 있는 음식을
두고 가기도 그렇고
포장해 가기도 그래서
"남은 음식 싸 가도 되나요?" 하며
멋쩍은 목소리로 사장님께 물으니
"그럼요. 안 될 것이 뭐가 있겠어요!"
활기찬 표정으로 웃어 주셨다.

안 될 것이 없는 하루를
선물 받았네.

소지품을 떨구고 저만큼
가는 행인을 "저기요"
하면서 불러 세웠더니
"왜 그러시죠?" 하면서
입가에 친절한 미소를 지었다.
떨어뜨린 소지품을 내밀자
함박웃음과 함께 "감사합니다!"

나, 한참을 떨구고 다닌
웃음을 오늘 주웠네.

— 인연이란……

듬직하다

친한 지인을 만났는데
워싱된 티셔츠가 멋있어서
"빈티지 오일 워싱 티셔츠 참 잘 어울려"
했더니 오래되어서 햇빛과 땀이 만든
자연 워싱이라 하더라.

짧게 자른 머리가 어울려
"최신 아이비리그 컷이네" 했더니
만 원 주고 동네 상가에서 했단다.

오일 워싱은 무엇이고
아이비리그 컷은 무언지
정말 몰라서 검색해 보는
그의 모습이 참 멋있고 듬직하다.

감추는 방법

햇살이 눈부셔 얼굴을 찡그렸더니
"왜 내 이야기가 그렇게 못마땅해?"
하길래……

새까만 선글라스를 끼고 만났더니
"안 어울리는데 그거 좀 벗어라"
하길래……

처음부터 생글거리며 앉아 있었더니
"오늘 애가 무얼 잘못 먹고 나왔나"
그런다.

진정 나약한 마음을
감추는 방법은 없는 것일까……?

돌아서서 가다 말고

아는 사람을 만나
힘들다는 이야기를 듣고 헤어질 때
돌아서서 가다 말고
"많이 힘들어 보여요.
언제든 들어 드릴 테니
제게 기대어도 돼요"
말하며 웃어 주면
무척 힘이 되었다고
연락이 온다.

대개…… '저러다 말겠지.
생각하고 있을 거야' 하며
뒷모습을 지켜보고 있으니……
꼭 돌아서서 가다 말고!!

참새의 사색

길을 잘못 들어선 참새 한 마리가
벽을 넘어 오르려다 높은 벽에 막혀서
바닥에서 한참을 이리저리 맴돌더라.

계속 저럴 텐데 어쩌나 싶어서 지켜보고 있는데
걸음을 잠시 멈추었다 아무렇지 않게
문 아래 틈을 찾아 빠져나가더라.

분명 난 저 벽을 넘지 못할 거라
걱정부터 하지 않았던가.

참새의 사색을 보았다.
그 틈도 찾지 못하는
사람보다 나은······.

—— 인연이란······

마지막 우주

인간은 본인에게
더 이상의 미래가 없단 것을
받아들여야 성숙할 수 있고
비로소 어른이 된다.

나이가 들어간다는 건
어렸을 때 눈앞에 존재하던
수많던 다중우주가
하나둘 사라진다는 것이고
그렇게 무한대의 우주를 잃는 게
삶의 여정일 거다.

친구를 만나 나중에 인생의 마지막 장면은
어떤 신(scene)이었으면 좋겠냐는 질문에 존 덴버처럼
경비행기를 타다가 실종되어 결국 주검을
찾지 못한 의문의 사건 같았으면 좋겠다고 했다.

유일하게 좋은 것은 비존재뿐이라고 하던
자코모 레오파드리의 시처럼……
마지막 생일에 단 하나 남아 있을
그 우주로 사라졌으면 좋겠다고 했다.

바그다드 카페

한 치 앞마저 잘 보이지 않는 황량한 사막에
불빛 하나 켠 채 남루하지만 깔끔하게 꾸며 놓고
손님을 기다리는 나는, 바그다드 카페입니다.

지금껏 그 세월 동안 많은 손님이 왔다 갔습니다.
아니 생각해 보면 이 앞을 지나가는 사람을
바그다드 카페로 초대한 적이 많았었지요.
전망이 좋지 않아서 찾는 손님이 많지 않았거든요.

초대한 사람에게는 언제나 따뜻한 커피와
좋은 음악과 재미난 마술, 편안한 휴식도 주었습니다.
모래바람 속에 손님을 맞이하고 보내는 카페.
바람과 추위를 피하며 따스함과 휴식이 있는 카페.

기억에 남는 단골손님이 몇 있었지요.
하지만 내 카페에서 잠시 몸을 녹이며 차를 마시고
다시 길을 떠나면서 카페 벽에 당신이 내 인생에서
커다란 위안이었다는 메모, 사랑했었다는 메모를
남긴 채 홀연히 다들 떠나갔습니다.

손님이 있을 땐 이상하게 모래바람이 잠잠했었지요.
참으로 평온하고 따뜻한 계절이었습니다. 이례 없이.
이제 다시 365일. 24시간. 문을 닫지 않겠습니다.
언제든 오십시오. 모래바람 사막의 바그다드 카페.

당신을 부릅니다. Calling You.

에필로그

내일 하루 읽을 것이 있고 볼 것이 있다는 것만으로
행복한 때란 생각을 했다. 아무리 재미있는 영화라도
추리소설이라도 딱 멈추고 내일을 위해 살짝 남겨 둔다.

어릴 때부터 주변 사람들에게서 "너는 새까만 오지에
떨어져도 살아남을 거야"라는 말을 많이 듣고 살았는데
그 울림들이 삶에 큰 힘이 되는구나 여기기도 하는 때다.

겨울을 지나는 동안 벨트를 매야 하는 바지를 입을 일이
없어 오래간만에 벨트를 한 바지를 입자니 어색함마저
들더라만. 한편으론 자, 이제야 좌절에서 벗어났냐는
자문자답을 하게 되더라. 그래, 사는 건 그냥 사는 거라고.

지킬 박사와 하이드처럼 랜선은 실없고 유쾌한 사람,
실제 모습은 저체온의 싸늘한 외계인이 나인 듯싶더라.
가입한 카페나 커뮤니티에서 저 농담투성이 댓글을
달고 있는 존재의 실체가 이런 걸 안다면 그 괴리감이란…….

언젠가 길 가다 본 적 있던 여배우의 별세 뉴스에
내려놓으면 아무것도 아닌 건데……
너무나 안타까운 마음이 들었다.
우리가 전혀 특별하지 않다는 것만 알아도 살 텐데…….

내일 뭐 먹지? 남겨 둔 영화마저 보고 산책이나
다녀오자. 때깔 좋은 트레이닝복이나 한 벌 지르자.
그냥 이처럼 단순하게 사는 것도 나쁘지 않은데…….
모르는 사람들의 고민에 질문에 피식 웃음 나는 댓글 달아 주며
이야기 이어 가는 것도 나쁘지 않은데…….
그러면서 사는데…….

나처럼 살지 말란 말을 한동안 자주 했었고 남기고 싶었다.
항상 중과부적 엔딩의 하루를 앞에 두고 사는
삶이 팍팍한 사람들에게 댓글을 달아 주고 싶었다.
"당신 참 멋있다"라는 힘찬 댓글을 쓰고 싶었다.

또한 잃어버리길 원하든, 원치 않든 어떤 것들은
무슨 상관이 있냐는 듯 순식간에 곁에서 사라짐도 느꼈다.
기억하지 않는 것이 해 줄 수 있는 최대한의 배려일 만큼 말이다.

지나간 것들에도 경의를 표한다.
그리고 완전히 사라져 버린 당신에게도 말이다.
어디서든 당신도 멋있을 것이다.
'당신 참 멋있다.'

To: 이정표 님

인터넷에서 돌아다니는 글의 원작자가 궁금해 검색을 통해 찾고 또 찾다 메일을 보냈다고 소식을 주셔서 연이 닿았지요. 언젠가 책을 또 내면 에필로그에 첫 번째로 언급해 드리고 싶다는 스스로와의 약속을 지킬 수 있어서 반갑고도 기쁜 마음입니다. 빛을 잃고 사는 구슬을 싹싹 닦아 주셔서 반짝 빛나던 순간을 주신 그 마음 평생 잘 간직하고 살겠습니다.

남편분께서 책을 한 권 가져오시며 자신의 마음 같다며 툭 내밀었던 책이 친구의 책이었다고 놀라움을 금치 못하던 일은 정말 소중한 추억이 되었네. 진심으로 벗과 글을 좋아해 준다는 것이 어떤 것인지 알게 해 줘서 항상 고맙게 생각하고 책이 나오면 그 마음을 남기고 싶었다. 항상 염려해 주고 챙겨 줘서 고마워. 또 하나의 자랑거리가 되었으면 좋겠어.

To: 박성미

책이 나오면 저보다 더 기뻐해 주실 모습이 참 선해요. 너무나 열심히 사는 모습이 푸른 초원에서 항상 뛰어다니는 가젤 같다고 김가젤이란 별명을 지어 드렸는데 시그니처가 되라고 책에 콱 박아 드립니다. 멋진 사랑 하시길 항상 바라고 있답니다. 대한민국 최고의 사랑꾼! 열렬히 응원합니다.

To: 김지은 님

To: Alex & Eynah

I haven't met you for years, but I hope this picture and book will be a good gift on the day I meet you. It's great to see you overcome numerous hardships and difficulties and live a bright and positive life. "You are so beautiful."

당신 참 멋있다

초판 1쇄 발행 | 2023년 6월 21일
지은이 | 김현
그린이 | 줄리아 조
발행인 | 김태진, 승영란
마케팅 | 함송이
경영지원 | 이보혜
디자인 | 줄리아 조
출력 | 블루엔
인쇄 | 다라니인쇄
제본 | 다인바인텍
펴낸 곳 | 에디터유한회사
주소 | 서울특별시 마포구 만리재로 80 예담빌딩 6층
전화 | 02-753-2700, 2778
팩스 | 02-753-2779
출판등록 | 1991년 6월 18일 제1991-000074호

값 16,800원
ISBN 978-89-6744-259-0 03810

※ 잘못된 책은 구입하신 곳에서 바꾸어 드립니다.
※ '스토리텔러'는 에디터유한회사의 문학출판 임프린트입니다.